Ruediger Dahlke

PEACE FOOD

vegan

einfach schnell

Inhalt

Peace Food: Vegan einfach schnell

Tipps & Tricks für die schnelle Veganküche

Zum Nachschlagen

Die Rezepte

Peace Food: Vegan einfach schnell

Vegan ist im Alltag angekommen. Aus der großen Anfangswelle wurde rasch ein breite Bewegung. Jetzt kann der neue, für alle bessere Lebensstil entstehen – für uns Esser, für die Menschen in den Hungerländern, denen wir ihr Essen lassen können, für die Umwelt und die Tiere. Dazu muss vegan seine Alltagstauglichkeit beweisen, was dieses Buch befördern will.
Der Welle habe ich mit „Peace Food" nachgeholfen, der pflanzlich-vollwertigen Ernährung auf wissenschaftlich abgesicherter Basis; der breiten Bewegung habe ich „Peace Food – Das vegane Kochbuch" mit den Rezepten meiner Lieblingsköche gewidmet. Und dem neuen Lebensstil ist „Peace Food – Vegano Italiano" gewidmet.

Vegan und einfach

Jetzt ist der Alltag dran – ideal wäre, täglich frisch zu kochen, es soll fein schmecken und trotzdem schnell gehen. Dazu muss das Essen auch wieder etwas aus dem Lebensmittelpunkt weichen und jene selbstverständliche Normalität erreichen, die ein Leben lang trägt und dabei doch nachhaltig ist.
Zwar sind inzwischen viele vegane Restaurants und Läden bis hin zu veganen Supermärkten entstanden ebenso wie Versandunternehmen, die uns mit Spezialprodukten versorgen. Aber die große Chance liegt wohl eher darin, mit bereits Vorhandenem, mit überall erhältlichen Lebensmitteln vegan zu kochen und so diese Küche in den Alltag einzuführen.

Superfoods für jeden Tag?

Aus den USA hat uns die Welle der sogenannten Superfoods erreicht, die im Wesentlichen aber – bei genauer Betrachtung – Altbekanntes und Vertrautes propagiert wie Himbeeren, Brombeeren und Brokkoli, dazu ein paar Exoten wie Moringa und Chia-Samen.
Diese Lebensmittel mit besonders hoher Nährstoffdichte haben ihre Vorteile, und auch wenn es ein wenig lächerlich klingt, jetzt so Altbekanntes mit diesem neuen amerikanischen Wort zu belegen: Es ist sicher gut, Superfoods zu genießen, wo es leicht geht. Die meisten Menschen aber haben in ihrem Alltag nicht die Möglichkeit, dem Essen auf Dauer so viel Zeit zu widmen und sich ständig mit neuen Entdeckungen zu beschäftigen. Im Wesentlichen geht es darum, die noch relativ neuen veganen Ansprüche in den Alltag zu integrieren und gesünder, schmackhafter und mit gutem Gewissen zu kochen und zu genießen.

Unverdaulicher Alltag – wegen Gluten?

Tatsächlich werden immer weniger Menschen mit dem normalen Alltag auch essensmäßig fertig – insbesondere Mischköstler. Ein mir über Jahrzehnte vertrauter Oberkellner, den ich vor meinem Seminar fragte, wie es sei, so eine große Gruppe vegan und glutenfrei zu versorgen, erwiderte zu meiner Überraschung, das sei überhaupt kein Thema, im Gegenteil eher ein Heimspiel. Das Problem sei inzwischen der Normalgast, der à la carte bestelle und in über der Hälfte der Fälle eine Unverträglichkeit oder Allergie habe. Der erwarte das normale Gericht, nur eben fruktose- oder histaminfrei, zum selben Preis und in derselben Zeit. Das sei kaum noch zu bewältigen. Obendrein hat die EU ab dem Jahr 2015 auch noch jeden Gastronomie-Betrieb dazu verdonnert, eine Person pro Betrieb zum Allergiespezialisten ausbilden zu lassen. Das kostet alle Beteiligten Zeit und irgendwann auch Geld und macht die Sache „Essen“ nicht gerade leich-

ter. Aber es ist der Entwicklung mit immer mehr Intoleranzen geschuldet.
Deshalb hier nun mit „Peace Food – Vegan einfach schnell" ein Ansatz, der alles wieder leichter machen wird: alle Rezepte weizenfrei, die meisten glutenfrei, viele mit Alternativen, alle sojafrei. Warum? Immer mehr Menschen leiden nachgewiesenermaßen an Zöliakie, der Gluten-Unverträglichkeit, mit rapide steigender Tendenz und einer immensen Dunkelziffer. Die Häufigkeit wird mit einem von 100 (Schweden) und 1000 (USA) angegeben, das Krankheitsbild hat sich in den letzten 60 Jahren mehr als verfünffacht. Der US-Neurologe Dr. David Perlmutter geht von weiteren 30 bis 40 Prozent der Bevölkerung aus, die Gluten nicht wirklich vertragen, aber davon nichts wissen und sich ihre Vielzahl von gesundheitlichen Problemen nicht erklären, geschweige denn behandeln oder gar heilen können. Letztlich bezeichnet er Gluten als einen Generalangriff auf unser Gehirn. Sein US-Kollege Dr. William Davis, Kardiologe, sieht in Weizen und dem darin enthaltenen Gluten eine Bedrohung für unsere Figuren und empfiehlt aus vielen anderen medizinischen Gründen strikten Verzicht. Das ist jedenfalls zu viel des G(l)uten.

Test: Vier Wochen glutenfrei

Der deutsche Professor Detlef Schuppan sieht ATI (Amylase-Trypsin-Inhibitoren), die in modernen Weizensorten hochgezüchtete Genfrequenz, den die Getreide als Insektenabwehrstoff bildet, in der Verantwortung für die vielen Symptome, die Perlmutter und Davis diagnostizieren. Wer von ihnen auch immer letztlich im Recht ist – ich halte es für sinnvoll, dass jeder sich einmal testweise vier Wochen glutenfrei ernährt. Nach meinen eigenen Erfahrungen und denen mit Patienten in der letzten Zeit wird sich ein großer Teil danach deutlich besser fühlen und zumindest einen klareren Geist und ein besseres Lebensgefühl genießen. Deshalb haben wir ausschließlich weizenfreie, in der Hauptsache glutenfreie Rezepte in dieses Buch aufgenommen. Wer aufhört, sein Leben mit Milch(produkten) zu verschleimen und mit dem Kleister aus dem Weizen, dem Gluten, zu verkleben, wird meist keine Lust verspüren, danach wieder mit (Sch)Leim und Kleister alles zu verpappen, was sich so wundervoll gelöst hat. Persönlich habe ich schon vor Jahrzehnten gemerkt, wie vergleichsweise besser ich mich bei meinen langen Asien-Aufenthalten fühlte, was in den letzten zehn Jahren zum regelmäßigen Überwintern in Bali führte. Ich habe viele Gründe dafür gefunden, bis mir klar wurde, dass ich in Asien praktisch glutenfrei lebe, weil das Klebereiweiß in Reis nicht enthalten ist und dort auch sonst in der Ernährung der Normalbevölkerung unüblich ist. Wenn ich das eine oder andere Mal mit Freunden in einem Touristenhotel aß und dabei glutenhaltige westliche Speisen zu mir nahm, ging es mir danach oft nicht so gut beziehungsweise fühlte ich mich in meinem Lebensgefühl reduziert. Deshalb vermied ich solche Abstecher mit der Zeit immer mehr. Es dauerte wirklich lange, bis mir klar wurde, dass Gluten hinter all dem steckte. Als ich es zu Hause in Europa schließlich auch konsequent wegließ, ging es mir hier genauso gut wie dort. Und das wünsche ich Ihnen auch.

Die Soja-Frage

Genau umgekehrt verhält es sich bei Soja. Hier gibt es viel Ablehnung und wissenschaftlich nicht haltbare Unterstellungen, aber auch einige echte Allergien. Wer Soja nicht verträgt, sollte es natürlich komplett von seinem Speisezettel streichen. Soja ist aber bei vielen Menschen, besonders eben bei solchen, die auf ihre Gesundheit und die ihrer Umwelt achten, auch zu Recht in Verruf geraten. Es wird tatsächlich größtenteils unter unsäglichen Bedingungen in Lateinamerika angebaut, führt zu Urwald-Rodungen und nimmt der indigenen Bevölkerung ihren Lebensraum. Obendrein ist gerade dieses Soja überwiegend genmanipuliert und stellt damit ein völlig unkalkulierbares Risiko für unsere Zukunft dar.
Andererseits ist die Sojabohne an sich auch zu Unrecht in Verdacht geraten, mit ihren Flavonoiden – wegen deren minimal östrogenähnlicher Wirkung – Männern generell und Frauen mit oder nach Brustkrebs zu schaden. Bezüglich letzteren Verdachtes haben alle Studien in Wahrheit das Gegenteil belegt: Soja ist in Maßen statt in Massen ausgesprochen günstig. Tatsächlich besetzen seine Flavonoide die Östrogen-Rezeptoren, aber da seine Östrogen-Wirkung so minimal ist, nützt das bei Brustkrebs sogar viel mehr, als es schadet. So wirkt Soja dann eher wie ein Anti-Östrogen, indem es mit seiner kaum spürbaren Wirkung die starke Wirkung der körpereigenen Östrogene unterbindet, weil es deren Plätze blockiert. Daraus erklärt sich auch die offensichtliche Tatsache, dass Asiatinnen, die relativ regelmäßig, wenn auch moderat, Soja essen, deutlich weniger häufig unter Brustkrebs leiden. Alle neueren Studien bestätigen den positiv schützenden Soja-Effekt.
Es wäre also – vorausgesetzt, das Soja stammt aus Bio-Anbau und aus fairem Handel – gar kein Problem oder dieses wäre leicht, etwa nach Schweizer Vorbild, zu lösen. Dort lässt man gar kein genmanipuliertes Soja ins Land.
Trotzdem haben wir in diesem Buch auch auf Soja verzichtet, da das so vielen Menschen zum Anliegen geworden ist. Das gibt

uns obendrein die Gelegenheit zu zeigen, wie sich selbst ohne den häufigsten verwendeten Fleischersatz sehr gut und überaus alltagstauglich kochen lässt. Insofern ist dieses Buch auch ein Gegenpol zu meinem Buch „Vegan für Einsteiger", das ganz verstärkt auf Fleischersatz setzt. Dessen Ziel ist es ja, umsteigewilligen Fleischessern den Übergang ins neue vegane Leben zu erleichtern. Die Umstellung auf den neuen, besseren Geschmack, die alltäglich geschieht und vielen Veganern gelingt, ist der andere und wahrscheinlich nachhaltigere Weg ins gesündere und verantwortungsvollere Leben. Ganz ohne Soja und Gluten ist es immer noch möglich, rasch sehr viel Gutes und Gesundes auf den Tisch zu zaubern und sich und andere damit zu bezaubern. Wenn vegan auf Dauer tragen soll, wird das der Weg sein, dessen Belohnungen in Form von (Lebens)Zeitgewinn, besserer und mehr Energie sowie guter Ausstrahlung und mehr Lebenskraft bald spürbar werden.

Unverträglichkeiten und Intoleranzen

Nun gibt es noch eine Fülle weiterer Unverträglichkeiten und sogenannter Intoleranzen, die in einem Buch nicht alle berücksichtigt werden können. Diese rasant zunehmenden Nahrungsmittel-Unverträglichkeiten wachsen sich zum Problem nicht nur für die Betroffenen, sondern eben auch für die Gastronomie und die Nahrungsmittelbranche aus. Ihre so dramatische Zunahme dürfte damit zu tun haben, dass wir das moderne Industriefutter immer weniger tolerieren, ohne uns das direkt und bewusst einzugestehen. Und gerade weil es nicht bewusst wird, verkörpert sich das Problem im Sinne von „Krankheit als Symbol" – so der Titel meines Nachschlagewerkes zur Be-Deutung von Krankheitssymptomen –, wo wir davon ausgehen können, dass der Körper als Bühne für die im Bewusstsein nicht bearbeiteten Themen genutzt wird. Die Dinge, die wir seelisch nicht bewältigen, zeigt uns unser Körper in somatischen Beschwerden auf – damit wir sie auf dieser Ebene verstehen lernen.

Tierprotein und besonders Milch, Zucker und höchstwahrscheinlich Gluten kann niemand wirklich gut vertragen, aber viele merken es noch gar nicht oder erst spät im Leben. Immer mehr Menschen leiden schon ganz konkret an Nahrungsmittel-Unverträglichkeiten, mit steigender Tendenz, wie nicht nur der Eindruck des befreundeten Oberkellners, sondern auch neue Zahlen belegen. Viele Nahrungsmittelhersteller haben sich bereits auf die zunehmenden Unverträglichkeiten eingestellt, am hilflosesten reagieren noch die Mediziner, die über die Vermeidungsempfehlung nicht mehr tolerierter Speisen bisher nicht hinauskommen. Blähbauch, Hautjucken, ständige Übelkeit bis zum Erbrechen sind Symptome, von denen immer mehr Menschen ein (Klage)-Lied singen können. Eine Umfrage unter 1000 Deutschschweizern, Österreichern und Süddeutschen brachte es ans Licht.

Die häufigsten Intoleranzen

Bei Nahrungsmittelallergie reagiert das Immunsystem des Körpers überzogen und eben allergisch auf einen bestimmten Stoff in der Nahrung, der für Gesunde harmlos ist. Die Folgen können für Betroffene unter ungünstigen Umständen lebensbedrohlich werden. Bei Nahrungsmittel-Intoleranzen funktioniert ein Enzym oder Transportmechanismus im Darm nicht, was allergieähnliche Symptome hervorruft. Etwa 40 Prozent der Bevölkerung leiden inzwischen an einer Allergie, die sich allerdings längst nicht nur auf Nahrungsmittel bezieht, und knapp 20 Prozent ertragen – laut Schulmedizin – mindestens eine Intoleranz.

Die häufigsten Lebensmittel-Unverträglichkeiten

- Laktose-Intoleranz: knapp 12 Prozent
- Histamin-Intoleranz: gut 10 Prozent
- Unverträglichkeit von Sorbit: knapp 8 Prozent
- Gluten-Unverträglichkeit: gut 6 Prozent (Perlmutter geht von mindestens 30 Prozent aus)
- Fruktose-Intoleranz: knapp 6 Prozent
- Galaktose-Intoleranz: 4,5 Prozent
- Saccharose-Intoleranz: gut 4 Prozent

Die häufigste Unverträglichkeit ist demnach die gegen Laktose, den Milchzucker, die für pflanzlich-vollwertig Lebende schon gleich mit den Milchprodukten wegfällt. Auffällig ist, wie überhäufig die Intoleranzen verschiedene Zucker und damit Kohlenhydrate betreffen. Darin spiegeln sich die zunehmenden Probleme, die wir mit der Süße des Lebens und den Kohlenhydraten aus Getreiden haben. Ein glutenfreies Leben reduziert diese Problematik schon einmal – zusätzlich sollten wir das Korn *aufs Korn nehmen* und möglicherweise insgesamt reduzieren, da wir mit unserer heutigen Lebensart gar nicht mehr so viel Brennstoff brauchen. Unsere Muskelarbeit hat in den letzten hundert Jahren dramatisch abgenommen, und die Gehirnarbeit ist mehr geworden, das sollte sich auch in unserer Ernährung spiegeln. Kohlenhydrate sind reiner Brennstoff für uns, von dem wir heute weniger brauchen. Unser Organismus besteht aus Eiweiß und Fett, und selbst davon brauchen wir zur Erhaltung eines erwachsenen Körpers nicht so viel. Das Wenige aber sollte von guter Qualität sein, was bei pflanzlich-vollwertiger Kost im Hinblick auf Eiweiß und Fett gewährleistet ist. Bei Letzterem sollten wir bedenken, dass unser Gehirn zu 70 Prozent aus Fett besteht, wir brauchen also auch gutes Fett wie das aus Oliven und Kokosnüssen ebenso wie aus Walnüssen und Leinöl, wegen deren Omega-3-Gehalt.

86 Prozent der Befragten mit Unverträglichkeiten gaben an, ihre Ernährung bereits umgestellt zu haben, was in aller Regel auf eine Vermeidungsstrategie auf Dauer hinausläuft. Gut 22 Prozent fühlen sich durch ihre Unverträglichkeit in ihrer Lebensqualität sehr eingeschränkt. Lediglich 14 Prozent hatten trotz der Intoleranz an ihrer Ernährung nichts verändert. Das ist ein kleiner, aber immerhin erstaunlicher Teil, der lieber eine ganze Menge unangenehmer Symptome erträgt, als Konsequenzen zu ziehen. Es heißt aber auch, die überwiegende Mehrheit – fast 90 Prozent – ist zu Veränderungen bereit. Diese Bereitschaft kann im Sinne von „Krankheit als Symbol" direkt in ein neues, besseres, nämlich pflanzlich-vollwertiges Leben und zu „Peace Food" führen.

Einfacher Ausweg aus der Intoleranz-Falle

Bezüglich der Behandlung von Unverträglichkeiten hat sich folgender sehr einfacher Weg bewährt: als Auftakt eine möglichst lange Fastenzeit, da sich während des Fastens – wissenschaftlich nachweislich – die Durchlässigkeit der Darmwand wieder normalisiert und der Darm in dieser Ruhephase ideal regenerieren kann. Tatsächlich spricht viel dafür, dass das relativ neue sogenannte Leaky-Gut-Syndrom, das Krankheitsbild des löcherigen Darms, vor allem für die zunehmenden Allergien und Unverträglichkeiten verantwortlich ist. Es lässt nämlich Substanzen durch die Darmwand ins Blut vordringen, die da nicht hingehören und vom Immunsystem entsprechend entdeckt und bekämpft werden. Das Leaky-Gut-Syndrom reagiert aber ausgesprochen gut auf Fasten. Anschließend sollte ein Aufbau folgen wie im Buch „Vegan schlank" beschrieben, mit sehr einfacher und pro Mahlzeit wenig abwechslungsreicher Pflanzenkost, die für einige Wochen die vom Darm nicht vertragene Substanz meidet. Eine Mahlzeit sollte dabei möglichst nur aus einem Hauptgemüse bestehen, also keinesfalls eine Mischung wie etwa Ratatouille, und aus einer entsprechenden Sättigungsbeilage wie Pellkartoffeln oder Naturreis. Bei der nächsten Mahlzeit kann dann ein anderes Gemüse die

Hauptrolle spielen. Ganz wichtig ist dabei außerordentlich gutes Kauen, sodass die Nährstoffe gleichsam schon im Mund aufgeschlossen werden und ihre die Darmwand reizenden mechanischen Eigenschaften gänzlich verlieren. Auch sonst sollte es sich um wenig reizende, aber nicht ungewürzte Mahlzeiten handeln, was nach dem Fasten gar kein Problem darstellt, da die Sensibilität durch das Fasten außerordentlich gesteigert worden ist und schon geringe Gewürzmengen viel intensiver wahrgenommen werden.

ALTE OBSTSORTEN WÄHLEN

Nach solchen Wochen mit einfachen Mahlzeiten kann dann erstmals die beanstandete Substanz getestet werden, also beispielsweise bei Fruktose-Intoleranz eine halbe reife Birne. Wird diese – wie sehr oft – vertragen, kann am Nachmittag die andere Hälfte genossen werden, aber der Weg zu einem Obstsalat ist trotzdem noch weit. Auf einige fruchtzuckerfreie Tage kann wieder einmal eine Birne (oder auch zwei) genossen und sehr gut gekaut werden, bis im Mund Birnensaft entsteht. So kann man sich langsam, aber sicher wieder an normalen Obstgenuss herantasten. Ideal wäre dabei die Verwendung alter Sorten, also kein Hybrid-Obst, wie es heute in den meisten Supermarktregalen liegt – einfach, weil die alten Sorten mit ihrem hohen Gen-Alter und ihrem unverfälschten Erbgut viel leichter vertragen werden als moderne, vielfach manipulierte Riesenfrüchte. Bei einer Erdbeerallergie wäre es also am besten, mit den kleinen Walderdbeeren zu beginnen. Auf diese Weise bahnt sich ganz allmählich ein Weg unter dem Motto „Weniger ist mehr" an,

der zu einer stabilen Darmwand und entsprechender Gesundheit führt. Wer wieder alles verträgt, ist gut dran, er muss aber deswegen noch nicht alles essen. Eigentlich ist es nämlich unter vielen Gesichtspunkten durchaus verständlich, wenn immer mehr Menschen immer intoleranter gegenüber dem modernen manipulierten Essen werden. Statt aber den Aufstand gegen die allgegenwärtige Manipulation zu wagen, die längst nicht nur das Essen, sondern ganz ähnlich auch schon die Ebenen von Information, Politik und Bürokratie betrifft, entwickeln wir Symptome

des Unbehagens. Wir lassen die Probleme in den Körper und in den ärztlichen Bereich sinken, wo sie meist missverstanden und von der Schulmedizin mit weiteren Unterdrückungsmaßnahmen quittiert werden. Viel zielführender wäre, sich dem System der Manipulation nachhaltig zu entziehen – bezüglich der Ernährung etwa mit einfachen, über Jahrhunderte und Jahrtausende erprobten Lebensmitteln mit hohem Gen-Alter und großer Nährstoffdichte, aber wenig Nährwert im Sinne von Kalorien. Wir brauchen also Lebensmittel mit vielen sekundären Pflanzenstoffen, von denen wir heute wissen, wie wichtig sie in der Krebsabwehr sind, und mit vielen Vitaminen, aber wenigen Kalorien. Der Weg – eigentlich der Rückzug – in einfache vegane Kost bedeutet wirklich, das Beste aus der eingetretenen und üblich gewordenen Manipulation zu machen.

Wissenschaftlich richtige Kost – eigentlich so einfach

Als Arzt kann ich natürlich viel über die richtige, ausgewogene Ernährung sagen. Da lässt sich das Verhältnis von Kalium zu Natrium beachten und das von Kalzium zu Magnesium, das der Säuren zu den Basen, von Omega-3- zu Omega-6-Fettsäuren. Das wirkt alles recht kompliziert. Aber das Kalium-Natrium- und das Kalzium-Magnesium-Verhältnis kommen schon in Ordnung, wenn man auf pflanzlich-vollwertig wechselt, denn in Pflanzenkost ist es in Ordnung, nur in Milch(produkten) nicht. Das Säure-Basen-Gleichgewicht verbessert sich ebenfalls, sobald wir Tierprotein und raffiniertes Zuckerwerk streichen, und das Verhältnis von Omega-3 zu Omega-6 bessert sich ebenso automatisch, wenn wir Weizen und damit Gluten weglassen und nicht durch industriell hergestellte glutenfreie Produkte ersetzen, sondern viel Gemüse und besonders solches aus grünen Blättern genießen. Grüne Blätter verfügen über das richtige Verhältnis, ebenso wie Walnüsse, wohingegen andere Nüsse und Getreide uns zu viel Omega-6 einbringen.
Also immer die gleiche einfache Antwort: Auf dem „Peace-Food"-Weg wird alles sehr einfach. Tierprotein und vor allem Milch(produkte) weglassen und auf viele

verschiedene möglichst bunte Pflanzen setzen, dabei einen besonderen Schwerpunkt auf grüne Blattnahrung legen, wie sie etwa in grünen Smoothies steckt. Wer gesund abnehmen will, hat mit „Vegan schlank“ die besten Karten, auf gesunde Weise mit einem Überfluss an grünem Gemüse und damit Chlorophyll – und so auch im sicheren Bereich, was die Omega-3-Problematik angeht – sein Idealgewicht zu erreichen.

Vegan für alle und für jeden Tag

Alle solchen Veränderungen bringen eine gewisse Spannung ins Leben: die Ernährung umzustellen, sein Idealgewicht zu erreichen und vor allem die ersten Monate in der neuen Spur zu bleiben – das ist eine Herausforderung, aber man spürt schnell die Belohnung des leichteren Lebensgefühls und genießt es täglich und immer bewusster. Irgendwann aber muss eine neue Normalität eintreten, weil die meisten von uns gar nicht die Zeit haben, so viel davon ins Essen zu investieren. Folglich sollten Einkaufen, Zubereiten und Essen in einem sehr überschaubaren Zeitrahmen bleiben. Das umzusetzen ist der Ansatz von „Peace Food – Vegan einfach schnell“. Damit aber diese Ernährungs- und Essensform zur selbstverständlichen Norm(alität) wird, müssen ihre Grundlage glasklar und das eigene Selbstbewusstsein unerschütterlich sein. „Peace Food“ ist nachweislich gesünder. Die Studienlage wird immer eindrucksvoller: Der weltgrößte Zusammenschluss von Ernährungsberatern, die US-amerikanische, als ADA (American Dietetic Association) gegründete und kürzlich in A.N.D. (Academy of Nutrition and Dietetics) umbenannte Vereinigung, hält ausgewogene vegane Ernährung als für jedes Lebensalter des Menschen bestens geeignet, einschließlich Schwangerschaft und Säuglingsalter (vegane Ernährung der stillenden Mutter), vom Kleinkind- bis ins Greisenalter. Die Studien, die Besserungen der großen, mittleren und kleineren Zivilisationsprobleme unter veganer Ernährung belegen, werden immer mehr und immer aussagekräftiger. Es gibt – in wissenschaftlicher Hinsicht – keinen Zweifel mehr an der gesundheitlichen Überlegenheit dieser Ernährungsform. Von den beiden wissenschaftlich nicht ausgewiesenen Hauptkritikern im Internet an Professor Colin Campbells bahnbrechender China-Study hat sich einer inzwischen bei ihm entschuldigt. Die Versuche der Nahrungsmittelindustrie, diese Studiensammlung – natürlich ohne wissenschaftliche Arbeiten, aber mit gekauften Kritikern – anzuschwärzen und auszubremsen, können als gescheitert gelten. Das Feld des veganen Lebens wächst ständig, und die Entwicklung gewinnt noch weiter an Fahrt. Das Gesündere, Bessere wird allmählich normal, und jetzt kommen oft ganz laut und manchmal auch kleinlaut viele an Bord des veganen Lebensschiffes, die bisher kritisch abwartend zugeschaut haben und sich erst allmählich von den nun schon deutlicher sichtbar werdenden Vorteilen dieser Lebensform überzeugen lassen.

Ist gesundes Essen auf die Schnelle nicht ein Widerspruch?

Auf die Schnelle muss heute alles geschehen. Wir haben unser Leben dramatisch beschleunigt im Vergleich zu unseren

Vorfahren. Eine durchschnittliche deutsche Hausfrau spart heute gegenüber ihrer Vorgängerin vor gut 100 Jahren täglich theoretisch schon mehr als 30 Stunden ein durch all ihre Gerätschaften und Effizienzsteigerungs-Maßnahmen. Was nur auf den ersten Blick so logisch klingt, wird auf den zweiten schon als Absurdität deutlich. Niemand kann in 24 Stunden über 30 Stunden einsparen. Wir machen uns da etwas vor und lassen uns von einer auf gnadenlose Zuwachsraten gepolten Industrie – milde gesagt – verulken. Weder das Leben noch das Essen sind aber ein Scherz. Das Einsparen von Zeit hat Grenzen, und die liegen in den spezifisch menschlichen Bereichen des Lebens und Essens. Nicht nur zu Hause, sondern auch am Arbeitsplatz ist immer noch höhere Effizienz das Ziel. Pausen und jedes Innehalten sind wegrationalisiert worden, wodurch viele den inneren Halt verloren haben. Das zahlen wir mit zunehmenden Seeleninfarkten, die wir dann Burn-out und Depression nennen. Ähnliches sollten wir beim Essen vermeiden. Das Leben ist eben kein Scherzartikel, sondern eher ein großes kosmisches Spiel, dessen Regeln nicht beliebig zu verändern sind. Und beim Essen gilt das ebenso, es lebt vom Genuss. Wenn wir die Essenszeit noch weiter verkürzen, machen wir aus Mahlzeiten Schlingzeiten, und das werden wir wiederum mit Symptomen und schließlich Krankheitsbildern bezahlen.

Das Elend hat auch schon begonnen, wie sich im sogenannten Binge-Eating-Syndrom zeigt. Das wird heute diagnostiziert, wenn sich jemand mehr als zweimal pro Woche in Maßlosigkeit und Rekordzeit den Bauch vollschlägt, dabei natürlich zunimmt und daran selbstverständlich leidet. Menschen müssen immer mal wieder innehalten können und brauchen beim Essen Zeit für das Genießen.

Schnell zubereiten – in Ruhe essen

Ob uns das Einsparen von Zeit generell gut tut, lässt sich schon sehr bezweifeln, beim Essen tut es das jedenfalls nicht. Wir können also lediglich sinnvoll Zeit bei Einkauf und Zubereitung gewinnen, indem ersterer möglichst einfach bleibt und auf gängige Zutaten zurückgreift anstatt auf Exotisches und schwer Beschaffbares. Beim Zubereiten lässt sich Zeit sparen durch einfache und eben unaufwendige Abläufe. Solche genialen Rezepte haben meine veganen Koch-Freunde für dieses Buch entwickelt. Essen auf die Schnelle im Sinne von hektischem Schlingen kann natürlich nicht das Wort geredet werden, es wäre wirklich gänzlich ungesund. Die beim Einkaufen und Zubereiten gesparte Zeit sollte für den Genuss des Essens genutzt und genossen werden. Und es gibt natürlich Ess-Varianten, die wirklich auch sehr rasch genießbar sind.

SMOOTHIE TO GO

Eine ganz schnelle Variante habe ich schon in „Vegan schlank“ beschrieben: Man wirft morgens das übrig gebliebene Kraut und Grünzeug vom Gemüse des letzten Abendessens, ein paar Früchte und ein paar Mandeln oder Walnüsse in den Mixer und lässt sich daraus einen leckeren und nahrhaften Smoothie mischen. Zum Frühstück kann man so eine grüne Frische-Bombe natürlich rasch trinken, aber bitte, ohne sie hinunterzustürzen. In die im Mixer verblie-

bene zweite Hälfte gibt man nun vielleicht noch eine Avocado, ein paar Nüsse und eine Banane und mixt alles nochmals, gießt das Ganze in eine Trinkflasche und nimmt es mit zur Arbeit. In der Mittagspause ist man so schon einmal nicht mehr auf die Kantine angewiesen, sondern kann in aller Ruhe die eine Hälfte des Mittagssmoothies Schluck für Schluck genießen und sich anschließend für einen Mittagsschlaf oder noch besser eine „Tiefenentspannung" hinsetzen oder noch entspannender und nährender für die Bandscheiben auch legen. Ob man dazu den Stuhl wählt, auf dem man sonst arbeitet, oder den Teppichboden, auf dem man sonst herumläuft, ist ziemlich gleichgültig. Idealerweise würde man während der „Tiefenentspannung" noch ein CD-Programm nutzen bezüglich eines Problems oder Themas, das sowieso zur Bearbeitung ansteht und könnte so mehrere Fliegen mit einer Klappe erwischen: Man reduziert mit der Mittagsruhe sein Herzinfarkt-Risiko um über 50 Prozent, löst in den Seelen-Bilder-Welten noch ein wichtiges anstehendes Problem und ist der alten bewährten Aufforderung: „Nach dem Essen sollst du ruhn oder tausend Schritte tun" in idealer Weise nachgekommen. Vor allem aber wird man in der zweiten Tageshälfte dadurch überhaupt erst leistungsfähig. Wenn nach kurzer Anwendung von wenigen Wochen die „Tiefenentspannung" nicht nur in entspannende Alpha-, sondern sogar Theta- beziehungsweise Trance-Zustände führt, wird dieser Effekt noch deutlicher.

Nach der ersten Portion der so leicht bekömmlichen Mahlzeit voller Frische und einer intensiven „Tiefenentspannung" lässt sich anschließend in aller Ruhe die zweite Hälfte des Mittagsmahles Schluck für Schluck genießen. So ist einiges an Zeit gespart und Vieles nebenbei und nachhaltig für die Gesundheit getan. Idealerweise ließe sich – bei fixer Mittagspause – die gesparte Zeit noch in einen Spaziergang investieren, wodurch auch der zweiten Möglichkeit der Gesundheitsweisheit Rechnung getragen wäre.

Bei variabler Mittagspause könnte die so gesparte Zeit in eine etwas hingebungsvollere Zubereitung des Abendessens fließen, wo sich auch das am Morgen und Mittag eingesparte Kauen wieder ausführlich und genüsslich einsetzen ließe. Diese ultrakurze und dabei noch gesunde Ernährungsmethode ist natürlich nicht auf Dauer und fürs Leben gedacht, kann aber sehr gut beim Abnehmen helfen, da die Zutaten in den Smoothies ja beliebig variiert werden können.

Wo Essen auf die Schnelle unverdaulich wird

Wenn man keine Lust auf Essen hat, sollte man es sein lassen und nicht noch auf die Schnelle etwas *verdrücken*. Denn das könnte einen dann auch drücken. Besonders Pflanzlich-Vollwertiges lebt vom guten Kauen, und das braucht natürlich Zeit.

Noch schlechter, weil unbekömmlicher, ist Essen, wenn man wütend ist. Man stopft dann buchstäblich die Wut mit hinunter und zugleich hinein, und jeder kann sich vorstellen, wie unbekömmlich das Gemisch aus rasch zusammengeschüttetem Essen und Wut ist. Außerdem wird Wut im Magen beziehungsweise Bauch auch in medizinischer Hinsicht gefährlich.

Ähnlich ist es auch mit anderen Emotionen beim Essen. Wer erregt, aufgewühlt oder verzweifelt ist, sollte in diesem Zustand besser nicht essen, denn das Essen wird ihm jetzt sowieso nicht gut bekommen. Auch wer sehr traurig ist, kann sich vom Essen keine Besserung versprechen. Essen beruhigt nur selten die Nerven, wenn sie im übertragenen Sinn blank liegen. Liegen sie konkret blank wie bei der MS, wo die Myelinscheiden der Nervenzellen tendenziell fehlen, kann ein Ernährungswechsel zu frischer pflanzlich-vollwertiger Kost dagegen viel bewirken.

Essen in Frieden – „Peace Food"

Idealer is(s)t man, wenn man mit sich in Frieden ist. Um über Essen in Frieden zu kommen, wie es der Anspruch von „Peace Food" ist, ist Ernährung als ein ganzheitliches Geschehen zu betrachten, das den gesamten Lebenskreis sieht, von der Herkunft des Essens und seinen Erzeugern bis zur eigenen Seele, von den Umweltbedingungen bis zu den damit verbundenen Schwingungen.

Wenn es um kurzfristige Herstellung des notwendigen Friedens für ein Essen geht, empfiehlt es sich vorher, so lange ein Gebet oder Mantra zu sprechen, zu denken oder zu singen, bis entsprechende Ruhe eingekehrt ist. Wundervoll finde ich persönlich dafür das Gebet des Heiligen Franz von Assisi, des geistigen Vaters von „Peace Food" – erweitert um den weiblichen Pol:

Oh Herr und große Mutter,
Macht mich zu einem Werkzeug Eures Friedens:
Dass ich Liebe bringe, wo man einander hasst.
Dass ich Versöhnung bringe, wo man sich kränkt.
Dass ich Einigkeit bringe, wo Zwietracht ist.
Dass ich Glauben bringe, wo Zweifel quält.
Dass ich die Wahrheit bringe, wo Irrtum herrscht.
Dass ich Hoffnung bringe, wo Verzweiflung droht.
Dass ich Freude bringe, wo Traurigkeit trübt.
Dass ich das Licht bringe, wo Finsternis waltet.

Oh Meister-in,
Hilf mir, dass ich nicht danach verlange,
getröstet zu werden, sondern zu trösten,
verstanden zu werden, sondern zu verstehen,
geliebt zu werden, sondern zu lieben.

Denn: Wer gibt, der empfängt.
Wer verzeiht, dem wird verziehen.
Wer stirbt, der wird zum ewigen Leben geboren.
Amen

Wer dieses oder sein persönliches Gebet oder Mantra oder Beruhigungs-Ritual so lange innerlich vollzieht, bis innere Ruhe einkehrt, wird anschließend ungleich besser und bekömmlicher essen. Wer sich von solchen religiösen Essensvorbereitungen schon zu weit entfernt hat, kann auch einen psychologischen Trick anwenden mittels der ebenso einfachen wie wirksamen EMDR-Technik (Eye Movement Desensitization and Reprocessing, deutsch: Augenbewegungs-Desensibilisierung und Wiederaufarbeitung): Dazu schließt man die Augen und lässt beide Augäpfel zusammen eine liegende Acht formen, den rechten, den rechten und den linken, den linken Bauch der Acht. Dann erinnert man sich an das Ereignis, das so „unverdaulich" war und erlebt es, während die Augen kreisen, noch einmal. Man wird nun staunend erleben, wie die Augenbewegungen genau wie nachts in den Traumphasen helfen, die emotionale Unverdaulichkeit eben doch auf dieser geistig-seelischen Ebene zu verdauen. Beides lässt sich natürlich auch gut verbinden, erst EMDR, dann das Gebet, und anschließend wird man dann in Entspannung und Frieden essen.

Tipps & Tricks für die schnelle Vegankküche

von Dorothea Neumayr

Der vegane Vorratsschrank

Einfach etwas aus dem Vorrat kochen, wenn keine Zeit zum Einkaufen ist. Nur noch etwas frisches Gemüse dazu – so macht schnelles Kochen Spaß, und vegan-gesund ist es obendrein! So könnte vegane Vorratshaltung aussehen:

TROCKENVORRÄTE: GETREIDE, FRÜCHTE, HÜLSENFRÜCHTE

Flocken – Hafer-, Dinkel-, Reis-, Hirseflocken. Fürs Müsli und Frühstücksbrei
Getreide und Samen – Amaranth, Buchweizen, Hirse, Quinoa – als Alternative zu Reis
Grieß – Dinkelgrieß, Maisgrieß für Polenta
Hülsenfrüchte – getrocknet zum Vorkochen (Bohnen, Linsen, Kichererbsen)
Mehl – Dinkelmehl oder glutenfreie Alternativen: Buchweizen-, Mais-, Reismehl
Nudeln – nach Belieben auch glutenfreie Buchweizen-, Hirse- und Maisnudeln
Nüsse und Samen – Mandeln, Walnuss-, Haselnuss-, Cashew-, Pinien-, Sonnenblumen- und Kürbiskerne, Sesam- und Chiasamen
Pilze – getrocknete Steinpilze oder Mischpilze für schnelle Saucen, Risotti und Füllungen für Pfannkuchen und Wraps
Reis – Naturreis, Risotto-Reis, weißer Basmatireis. Einheimische Alternativen sind „Reis" aus Dinkel oder Einkorn, also polierte Körner.
Trockenfrüchte – Rosinen, Korinthen, Feigen, Datteln, Pflaumen, Äpfel, Aprikosen, Birnen, Cranberrys, Mangos
Wraps/Tortillas aus Mais

GLÄSER, DOSEN, TIEFKÜHLWARE

Eingelegtes Gemüse – etwa Artischockenherzen, getrocknete Tomaten, Essiggurken, Sauerkraut.
Hülsenfrüchte – Bohnen, Linsen, Kichererbsen. Fertig gegart perfekt für schnelle Vegangerichte.
Kapern – für Salatdressings oder auf Pizza
Kokosmilch – für Currys
Nussmus – Cashew-, Erdnuss- und Mandelmus, Sesammus (Tahin). Als Brotaufstrich, zum Verfeinern von Saucen.

Pesto
Tomaten – ganze Früchte in Tomatensaft, stückig oder passiert; außerhalb der Saison die ideale Alternative zu sonnengereiften frischen Tomaten
Tiefkühlgemüse und -obst – Mischgemüse oder einzelne Gemüsesorten, TK-Beeren

ZUM KOCHEN UND VERFEINERN

Currypaste – rot oder gelb (Asialaden)
Dicksäfte und Sirupe – zum Süßen, etwa Agavendicksaft, Ahornsirup, Reissirup oder Apfel- und Birnendicksaft als regional erzeugte Alternativen
Drinks aus Mandeln, Reis, Hafer, Hanf, Dinkel, Haselnuss – lange haltbare vegane Alternativen zu Milch
Edel-/Gewürz-Hefeflocken – als Käseersatz
Essig – weißer Balsamico in guter Qualität für Salate und Saucen
Gemüsebrühe – in Bio-Qualität als Pulver, Paste oder Würfel
Gewürze – von Chili bis Zimtpulver
Kräuter – getrocknet: Lorbeerblätter, Oregano, Rosmarin, Thymian
Öl – Oliven-, Sonnenblumen-, Raps- und helles Sesamöl
Senf – zum Kochen und für Sandwiches
Tomatenmark – zum Würzen
Vegane Margarine – zum Kochen oder aufs Brot
Vegane Mayonnaise
Vegane Sahne und Creme zum Kochen – aus Hafer, Reis oder Dinkel

Vegane Grundrezepte

Grundrezept Bohnen (oder Kichererbsen)

Zutaten für 2 Personen

100 g getrocknete Bohnen (oder Kichererbsen)
Salz

1 Die Bohnen über Nacht in einer Schüssel mit ca. 1 Liter Wasser einweichen.

2 Am nächsten Tag das Einweichwasser abgießen und die Bohnen unter fließendem Wasser abspülen. In einen Dampfdruck-Kochtopf 500 ml Wasser und die Bohnen geben und 15 Minuten kochen. Oder die Bohnen mit so viel Wasser in einen Topf geben, dass sie gut bedeckt sind. Aufkochen und bei schwacher Hitze in 1–2 Stunden weich kochen.

3 Die Garzeit ist unterschiedlich lang, je nach Frische und Sorte der Bohnen. Probieren Sie nach 1 Stunde immer wieder mal eine Bohnen, um zu testen, ob sie schon gar ist. Nach dem Garen die Bohnen abschrecken, das Kochwasser abgießen, eventuell auffangen (z. B., wenn Sie Hummus, also Kichererbsencreme, zubereiten möchten) und die Bohnen salzen (siehe Stepfotos rechts).

Faustregel: Das Gewicht der getrockneten Hülsenfrüchte verdoppelt sich durch das Kochen ungefähr – aus 100 g getrockneten Bohnen erhält man also etwa 200 g gekochte.

♥ TIPP: *Gekochte Kichererbsen halten sich im Schraubglas im Kühlschrank bis zu einer Woche. Man kann sie aber auch prima einfrieren.*

Grundrezept Quinoa

Zutaten für 2 Personen

150 g Quinoa
450 ml Gemüsebrühe (für salzige Zubereitungen)
Salz

1 Die Quinoa in ein Sieb geben und unter fließendem Wasser gut waschen. Mit 450 ml Wasser (für süße Quinoa-Gerichte) oder Brühe in einen großen Topf geben (Quinoa quillt beim Kochen auf!) und aufkochen lassen.

2 Die Quinoa zugedeckt bei schwacher Hitze 10–15 Minuten kochen lassen, bis das Wasser vollständig aufgenommen ist und die Quinoa glasig aussieht. Nach dem Garen salzen.

♥ TIPP: *Quinoa hält sich abgedeckt im Kühlschrank mehrere Tage.*

Grundrezept Polenta

Zutaten für 2 Personen

125 g Maisgrieß
Salz

1 In einem Topf mit dickem, schwerem Boden 500 ml Wasser mit Salz aufkochen. Die Hitze reduzieren und unter ständigem Rühren den Maisgrieß einrieseln lassen.

2 Weiter rühren, bis die Polenta nach 5–10 Minuten zu einem dicken Brei geworden ist.

3 Die Polenta sofort heiß als Brei servieren oder die Masse 1–1,5 cm dick auf ein geöltes Backblech oder ein Brett streichen und in einigen Stunden oder über Nacht fest werden lassen. Die Polenta in Stücke schneiden oder mit Förmchen ausstechen und in heißem Olivenöl goldbraun braten. Oder den heißen Brei in eine mit Klarsichtfolie ausgelegte Kastenform streichen und über Nacht fest werden lassen. Dann aus der Form stürzen und die Folie abziehen. Die Polenta in Scheiben schneiden und grillen oder in der Pfanne in heißem Öl von beiden Seiten knusprig braten (siehe Stepfotos unten).

♥ TIPP: *Die gegarte Polenta hält sich gut abgedeckt mehrere Tage im Kühlschrank.*

Grundrezept Hirse (oder Buchweizen)

Zutaten für 2 Personen

150 g Hirse (oder Buchweizenkörner)
Salz

1 Hirse in ein Sieb geben und unter fließendem kaltem Wasser gut abspülen. 300 ml Wasser zum Kochen bringen, die Hirse einrühren und aufkochen lassen.

2 Bei schwacher Hitze abgedeckt 15–20 Minuten ausquellen lassen, bis die Körner gar sind und die Flüssigkeit vollständig aufgenommen haben. Erst nach dem Kochen salzen.

♥ TIPPS: *Die gegarte Hirse hält sich abgedeckt im Kühlschrank mehrere Tage.*
Wenn man die gekochte Hirse nicht weiterverarbeitet, sondern gleich als Hirsebrei isst, kann man sie statt in Wasser im Lieblings-Pflanzendrink garen, z. B. in Mandel- oder Haselnussdrink.

Grundrezept Hummus

Zutaten für 2 Personen

300 g gegarte Kichererbsen
etwa 150 ml Kichererbsensud oder Wasser
2 Knoblauchzehen nach Belieben
2 EL Tahin (Sesammus)
½ TL gemahlener Kreuzkümmel
3 EL Olivenöl
Saft von ½ Zitrone
Salz, Pfeffer

1 Die gegarten Kichererbsen mit 50 ml Kochwasser oder Wasser im Mixer pürieren. Knoblauchzehen schälen, fein hacken und mit den übrigen Zutaten untermixen.

2 Nach und nach Olivenöl zugeben, bis eine cremige Masse entstanden ist. Mit Zitronensaft, Salz und Pfeffer abschmecken.

♥ TIPP: *Hummus hält sich im Kühlschrank mehrere Tage. Er schmeckt als Brotaufstrich, zusammen mit einem Bratling und Salat im Burger, als Beigabe zu Bratkartoffeln, zu gedünstetem, gebratenem oder gegrilltem Gemüse oder als Dip zu rohen Gemüsesticks.*

Grundrezept Gemüsebrühe

Zutaten für etwa 1 l Brühe

2 große Möhren
1 Petersilienwurzel
¼ Knollensellerie
1 kleine Stange Lauch
1 kleine Zwiebel mit Schale
1 Stängel Petersilie
Salz

1 Gemüse waschen und putzen, Biogemüse muss nicht geschält werden. Die Zwiebel waschen, nicht schälen. Alles in grobe Stücke schneiden und mit 1¼ l kaltem Wasser in einen großen Topf geben.

2 Die Brühe langsam erhitzen und aufkochen lassen. Bei schwacher Hitze etwa 1 Stunde kochen lassen.

3 Dabei ab und zu den entstehenden Schaum abnehmen. Die Brühe durch ein feines Sieb abseihen und mit Salz abschmecken (siehe Stepfotos unten).

♥ TIPP: *Die Gemüsebrühe ist perfekt zum Aufgießen von Risotto, Sauce und für Gemüsesuppen. Sie lässt sich gut einfrieren – am besten in kleineren Portionen.*

Grundrezept Tomatensauce

Zutaten für etwa 600 ml Sauce

1 kg reife aromatische Freilandtomaten (oder 500 ml Tomaten aus der Dose)

1 weiße Zwiebel nach Belieben

3 EL Olivenöl

1 Zweig Basilikum

Salz, Pfeffer

1 Tomaten waschen und mit einem scharfen Messer kreuzförmig einritzen.

2 Die Tomaten mit kochendem Wasser überbrühen. Kalt abspülen und die Tomaten häuten, dabei den grünen Stielansatz entfernen. Die Tomaten fein hacken. Zwiebel schälen und fein hacken.

3 Das Olivenöl in einem Topf erhitzen und die Zwiebel darin kurz andünsten. Tomaten zugeben und die Sauce kurz aufkochen lassen. Bei schwacher Hitze etwa 20 Minuten kochen lassen, dabei gelegentlich umrühren. Basilikum waschen und fein schneiden. Die Sauce mit Basilikum, Salz und Pfeffer würzen (siehe Stepfotos unten).

♥ TIPP: *Die Sauce hält sich, heiß in sterilisierte Gläser oder Flaschen gefüllt und sofort mit Twist-off-Deckel verschlossen, im Kühlschrank monatelang.*

Veganer Parmesan

Zutaten für etwa 150 g Parmesan

70 g geschälte Mandeln

60 g Pinienkerne

25 g Gewürz-/Edel-Hefeflocken

1/4 TL Paprikapulver, edelsüß, oder Kurkuma

Salz

1 Mandeln und Pinienkerne grob zerkleinern. Mit den Hefeflocken in einem Mörser fein zerreiben oder in einem Mixer pürieren.

2 Paprikapulver oder Kurkuma unterrühren und den „Parmesan" mit Salz abschmecken.

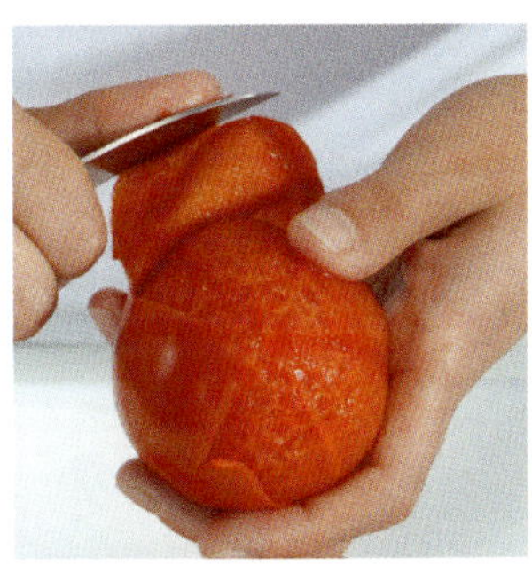

Einfach improvisieren: 10 Ideen für schnelle Vegangerichte

In der veganen Küche gibt es keine Grenzen, die Fantasie ist das wichtigste aller Rezepte! Kochen soll Spaß machen! Wandeln Sie unsere Rezepte nach Ihrem Geschmack ab. Lassen Sie sich inspirieren, seien Sie bereit, Neues auszuprobieren. Entwickeln Sie Ihren eigenen Stil, und kochen Sie einfach! Hier einige Ideen für improvisierte schnelle Gerichte.

1. Getreide-Gemüse-Pfanne
Geschnittene Zwiebel und Knoblauch in heißem Öl in der Pfanne andünsten. **Gegartes Getreide (Dinkelreis, Quinoa, Reis ...)** und Reste von gegartem **Gemüse** (oder sehr klein geschnittenes/geraspeltes Gemüse) dazugeben. Unter Rühren erwärmen, bei Bedarf einige Esslöffel Brühe oder Wasser zugeben. Nach Belieben würzen mit Salz und Pfeffer, frischen oder getrockneten **Kräutern**, Currypulver oder -paste, Chili, Zimt, Kreuzkümmel, Rosinen, Zitronensaft.

2. Schnelle Gemüsenudeln
Für Gemüsenudeln einfach **Zucchini, Möhren oder Rote Bete mit dem Spiralschneider** in Streifen schneiden. **Veganes Pesto** in die Pfanne geben, Gemüsenudeln dazu, kurz erwärmen, dabei mit einem Pfannenwender vorsichtig umdrehen. Wer keinen Spiralschneider hat, schneidet das Gemüse mit einem scharfen Messer längs in sehr dünne Streifen. Man kann die Gemüsenudeln auch gut über Dampf garen.

3. Schnelles Gemüse-Curry klassisch
Eine Dose **Kokosmilch** in einem Topf zum Kochen bringen, einen Esslöffel **rote oder gelbe Currypaste** einrühren, gekochtes Gemüse vom Vortag darin erwärmen, eine Handvoll **Cashewkerne** zugeben und mit Salz abschmecken. Auch vorgekochte Linsen oder Kichererbsen eignen sich gut dafür.

4. Schnelles Gemüse-Curry mit Obst
Eine Dose **Kokosmilch** in einem Topf zum Kochen bringen und einen Esslöffel **rote oder gelbe Currypaste** einrühren. **Sehr dünn geschnittenes frisches Gemüse (Lauch- oder Lauchzwiebelringe, Paprikastreifen, Möhrenraspel, Brokkoli- oder Blumenkohlröschen ...)** 5–10 Minuten darin knackig kochen. 1 Tasse klein **geschnittene Früchte** zugeben (Ananas, Mango, Bananen). 1 Handvoll Erdnüsse unterrühren, mit Salz abschmecken.

5. Gefüllte Gemüse

Gekochten Reis mit Resten von gekochtem Gemüse mischen und in ausgehöhlte Paprikaschoten, Zucchini oder Tomaten füllen. Diese in eine geölte Auflaufform setzen, mit veganem Parmesan bestreuen und bei 200 °C im Backofen überbacken.

6. Kichererbsensalat

Gehackte Zwiebel in Olivenöl mit einer getrockneten Chilischote glasig dünsten, 1 TL Tomatenmark dazu geben, dann vorgekochte Kichererbsen und etwas Currypulver dazugeben. Eventuell einige Esslöffel Brühe oder Wasser zugeben, kurz durchwärmen und salzen. Dieser Salat schmeckt warm und kalt, ist also ideal auch für unterwegs.

7. Reissalat

Gekochten Reis mit kleingeschnittenen Gurken, Tomaten und Zwiebeln, Balsamicoessig und Olivenöl mischen und mit Salz und Pfeffer und frischen Kräutern abschmecken. Kann man auch gut in verschließbare Gläser füllen und mitnehmen.

8. Kichererbsenwraps

Gekochte Kichererbsen mit Hummus (fertig oder selbst gemacht) vermengen und mit Zitronensaft, Salz und Pfeffer abschmecken. Wraps aufbacken, auf der Arbeitsfläche auslegen und die Masse darauf verteilen. Salatblätter und Möhren in feine Streifen schneiden und daraufgeben. Wraps am unteren Ende einschlagen, von der Seite her einrollen, in Butterbrotpapier wickeln und mit einem Bindfaden zusammenbinden.

9. Pfannkuchen to go

Kalte Pfannkuchen vom Vortag mit Pesto oder Gemüseaufstrich bestreichen, Gemüse- oder Salatstreifen und gehackte Kräuter darauf verteilen, eventuell salzen. Einrollen, halbieren und mit Butterbrotpapier umwickeln.

10. Burger to go

Brötchen halbieren, Gemüseaufstrich, Mayonnaise, Senf oder Pesto aufstreichen, Salatblätter, Bratlinge vom Vortag, Tomatenscheiben, gebratene Pilze oder eingelegtes Gemüse darauf verteilen. Deckel auflegen und den Burger sorgfältig verpacken.

Frühstück

Fröhlicher Tagesbeginn für Eilige: Mit unseren schnellen Rezepten bleibt mehr Zeit fürs gemütliche Frühstücken. Von Bananen-Ananas-Drink und heißer Matchaschokolade über warme Getreidemahlzeiten bis zur Himbeercreme aufs Brot – die erste Mahlzeit schenkt Kraft für den Tag.

4 x Frühstücksdrinks

dn

Für je 2 Personen Zubereitungszeit: **je 10–15 Minuten**

Heiße Matchaschokolade (oben rechts)

500 ml Hafer- oder Mandeldrink
½ TL Matcha, 1 Prise Bourbonvanille
etwa 1 EL Apfeldicksaft
20 g Kakaopulver

Alle Zutaten mit dem Schneebesen oder Stabmixer glatt mixen, in einen Topf umfüllen und auf Trinktemperatur erwärmen.

♥ **TIPP:** *Dieser Drink gibt Energie zum Frühstück oder am Nachmittag. Wegen der anregenden Wirkung von Matcha nicht abends trinken!*

Grüner Smoothie (oben links)

je 1 Handvoll Feldsalat und junger Spinat (zusammen ca. 100 g)
1 Stängel Petersilie, 1 Stange Staudensellerie mit Blättern
je ½ Apfel und Banane
1 TL Zitronensaft

Salat, Spinat und Petersilie putzen und waschen. Die Selleriestange abziehen, den Apfel waschen und von Stiel, Blütenansatz und Kernhaus befreien, die Banane schälen. Alles in grobe Stücke schneiden. Die vorbereiteten Zutaten mit Zitronensaft und etwa 300 ml Wasser im Mixer fein pürieren.

Bananendrink mit Ananas (unten links)

½ reife Banane, 125 g frische Ananas
½ Vanilleschote
2 Ringelblumenblüten oder 1 cm frischer Ingwer
Saft von 1 Orange und ½ Zitrone
½ EL helles Mandelmus

Banane und Ananas schälen, in grobe Stücke schneiden und in einen Mixer geben. Vanilleschote längs aufschlitzen, das Mark herauskratzen und zu den Früchten geben. Die Blütenblätter der Ringelblumen abzupfen bzw. den Ingwer schälen und fein schneiden. Beides in den Mixer geben. Restliche Zutaten und 200 ml Wasser zugeben und alles zu einem schaumigen Drink mixen.

Mandeldrink mit Datteln (unten links)

400 ml Mandeldrink
je 1 Prise gemahlener Kardamom, Nelken, Zimt
4 Datteln
2 EL Birnendicksaft

Mandeldrink mit den Gewürzen in einem Topf auf Trinktemperatur erhitzen. Die Datteln vom Stein befreien, klein schneiden und mit dem warmen Mandeldrink pürieren. Mit Birnendicksaft süßen und servieren.

Reismüsli (wb)

Reis aufstellen, duschen, anziehen, Frühstück fertig! Das Reismüsli lässt sich übrigens auch gut einpacken für die Mittagspause.

Für 2 Personen Zubereitungszeit: **30 Minuten**

- 150 g Naturreis (z. B. Jasminreis)
- 1 Prise Salz
- 100 ml Hafer-, Reis- oder Mandeldrink
- 2 EL Rosinen
- 2 EL vegane Magarine
- 1–2 EL Ahornsirup
- 4 EL Nusskerne (z. B. Mandeln, Haselnuss- oder Walnusskerne)
- 100 g Früchte und Beeren der Saison (z. B. Kiwi, Apfel, Orange, Weintrauben, Banane, Erdbeeren, Himbeeren)
- eventuell 1 EL Zitronensaft

1. Den Reis in ein Sieb geben und unter fließendem kaltem Wasser waschen. Reis mit 300 ml Wasser und Salz in einen Topf geben und erhitzen. 5 Minuten schwach kochen lassen, die Hitze reduzieren und den Reis zugedeckt etwa 15 Minuten auf der warmen Herdplatte quellen lassen, bis das Wasser aufgesogen ist.
2. Den Hafer-, Reis- oder Mandeldrink mit Rosinen und Margarine aufkochen und zusammen mit dem Ahornsirup unter den gekochten Reis mischen. Die Nüsse grob hacken.
3. Die Früchte waschen und putzen. In mundgerechte Stücke schneiden und nach Bedarf (wenn die Früchte sehr mild sind) mit Zitronensaft vermischen. Die Früchte vorsichtig unter den Reis ziehen, das Müsli in zwei Schalen verteilen und mit den Nusskernen bestreut servieren.

Feigen-Dattel-Polenta

wb

Warmer Brei mit süßen Früchten zum Sattessen – komplett aus dem Vorrat. Datteln gelten als die Energiespender schlechthin, nicht umsonst nennt man sie das „Brot der Wüste".

Für 2 Personen Zubereitungszeit: **30 Minuten**

3–4 große Datteln
4 getrocknete Feigen
400 ml Hafer- oder Reisdrink
1 Prise Salz
150 g Polenta (Maisgrieß fein)
2 EL vegane Magarine
4 EL vegane Sahne (z. B. Hafersahne)
2–3 EL Birnendicksaft

Zum Servieren:

300 g Apfelmus oder Zwetschgenkompott oder 300 g Früchte (z. B. Orangen, Mandarinen, Äpfel) oder 200 ml Kokosmilch

1. Datteln vom Stein befreien und zusammen mit den Feigen in kleine Würfel schneiden.
2. Den Hafer- oder Reisdrink mit Salz und Trockenfrüchten zum Kochen bringen. Polenta mit einem Schneebesen einrühren und 5 Minuten weiterrühren.
3. Die Herdplatte ausschalten und die Polenta noch etwa 10 Minuten zugedeckt nachquellen lassen. In der Zwischenzeit eventuell die frischen Früchte zum Servieren vorbereiten: waschen, schälen bzw. vom Kerngehäuse befreien und in mundgerechte Stücke schneiden.
4. Margarine und Sahne unter die heiße Polenta rühren. Mit Birnendicksaft süßen.
5. Die Feigen-Dattel-Polenta in zwei Frühstücksschalen anrichten. Nach Belieben die Polenta mit frischen Früchten garnieren oder Fruchtmus oder -kompott dazu servieren oder die Polenta mit Kokosmilch umgießen.

Hirsebrei *dn*

(im Bild oben)

Für 2 Personen Zubereitungszeit: 30 Minuten

- 120 g Hirse
- 140 ml Mandel- oder Haferdrink
- ½ TL gemahlener Zimt
- 1 Apfel oder 1 Birne oder frische Beeren der Saison
- 2 EL Reissirup oder Birnendicksaft
- 2 EL vegane Sahne (z. B. Hafersahne)
- Eventuell 2 EL gehackte Mandeln oder Nusskerne

1 Hirse mit Mandel- oder Haferdrink, 140 ml Wasser und Zimt zum Kochen bringen. Bei schwacher Hitze zugedeckt 15–20 Minuten kochen lassen, dabei ab und zu umrühren.

2 In der Zwischenzeit Apfel oder Birne waschen, nach Belieben schälen, vom Kerngehäuse befreien und das Fruchtfleisch in Scheibchen schneiden. Die Beeren säubern.

3 Sirup oder Dicksaft unter die gegarte Hirse rühren und den Brei auf tiefe Teller verteilen. Mit der Sahne beträufeln, mit den Mandeln bestreuen und mit dem Obst servieren.

Haferbrei *dn*

(im Bild unten)

Für 2 Personen Zubereitungszeit: 15 Minuten

- 80 g feine Haferflocken, nach Belieben glutenfrei
- eventuell 360 ml Mandeldrink
- 1 Prise Salz
- 1 EL Mandelmus
- 1 EL Apfeldicksaft
- 1 TL gemahlener Zimt
- 1 Prise gemahlener Kardamom (nach Belieben)
- 1 Banane + 1 TL Zitronensaft (oder 50 g frische Beeren)
- 1 EL Sonnenblumenkerne

1 Haferflocken mit 360 ml Wasser oder dem Mandeldrink und Salz in einen Topf geben und aufkochen lassen. Bei schwacher Hitze unter Rühren etwa 5 Minuten kochen lassen, bis der Brei die gewünschte Konsistenz hat.

2 Vom Herd nehmen und Mandelmus, Dicksaft und die Gewürze unterrühren. Die Banane schälen, in Scheiben schneiden und mit Zitronensaft beträufeln, bzw. die Beeren säubern.

3 Den Brei in zwei Schälchen füllen und mit Bananenscheiben oder Beeren und den Sonnenblumenkernen servieren.

Mandelmilchreis

amb

(im Bild links)

Für 2 Personen Zubereitungszeit: **35 Minuten**

- 1 l Mandeldrink
- ½ Vanilleschote
- 150 g Milchreis (Rundkornreis)
- 1–2 EL Rohrohrzucker oder Xylith, Birkenzucker oder 1 EL Agavendicksaft
- ½ TL Salz

Mandeldrink, ausgekratztes Vanillemark und Vanilleschote in einem Topf zum Kochen bringen. Reis, Zucker und Salz einrühren, die Hitze reduzieren und den Topf zudecken. Den Milchreis bei schwacher Hitze in etwa 30 Minuten ausquellen lassen, dabei ab und zu umrühren.

♥ **TIPPS:**

- *Essen Sie den Mandelmilchreis pur oder rühren Sie Rosinen oder gehackte Nusskerne unter. Wer es gern noch süßer mag, bestreut den Reis mit Zimtzucker oder beträufelt ihn mit Sirup.*
- *Für unterwegs lässt sich der Milchreis auch gut in eine Dose oder ein Schraubglas füllen und kalt verzehren.*

Sticky Rice

hs

(im Bild rechts)

Für 2 Personen Zubereitungszeit: **25 Minuten**

- 150–180 g Ketan-Reis (Klebreis; ersatzweise weißer Basmati- oder Duftreis)
- etwa 500 ml Kokosmilch
- 3 EL Agavendicksaft oder Rohrohrzucker
- 1 TL Salz
- 1 Mango
- 1 Banane
- 2–3 EL Sesamsamen
- 2–3 EL Kokosraspel
- 30 g Pistazienkerne

1. Reis in ein Sieb geben und heiß waschen. Die Kokosmilch mit Agavendicksaft und 1 TL Salz aufkochen. 1 Tasse davon abnehmen und beiseitestellen. Den Reis in die kochende Kokosmilch geben, kurz aufkochen lassen und bei schwacher Hitze 10–15 Minuten quellen lassen, bis die Flüssigkeit aufgebraucht ist.
2. In der Zwischenzeit Mango und Banane schälen, die Mango vom Stein schneiden und würfeln. Die Banane in Scheibchen schneiden. Sesamsamen und Kokosraspel nacheinander in einer Pfanne ohne Fett anrösten.
3. Den Klebreis vom Herd nehmen und die Pistazienkerne unterrühren.
4. Den Reis auf tiefe Teller verteilen, mit der abgenommenen Kokosmilch übergießen und mit Bananen und Mango garnieren. Mit Sesamsamen und Kokosraspeln bestreut servieren.

Grießschnitten

dn

Für das ganz schnelle Frühstück: Der gekochte Grieß kann ein paar Tage im Kühlschrank aufbewahrt werden. Morgens eine Scheibe abschneiden, braten, fertig.

Für 2–3 Personen Zubereitungszeit: 30 Minuten + 20 Minuten Kühlen (oder über Nacht)

- 50 g Haselnusskerne oder Mandeln
- 500 ml Haferdrink
- Salz
- 125 g Dinkelgrieß
- 4 EL vegane Margarine
- Apfeldicksaft oder Ahornsirup zum Servieren

1 Die Haselnusskerne bzw. Mandeln hacken und zusammen mit dem Haferdrink und 1 Prise Salz in einem Topf aufkochen. Den Grieß langsam einrühren und bei schwacher Hitze unter ständigem Rühren etwa 10 Minuten quellen lassen. 2 EL Margarine unterrühren.

2 Ein Backblech mit Backpapier auslegen, die Masse 2 cm dick aufstreichen und abkühlen lassen. Die Grießplatte in Quadrate schneiden. 2 EL Margarine in einer beschichteten Pfanne erhitzen und die Grießschnitten darin auf beiden Seiten goldbraun braten.

3 Mit Apfeldicksaft oder Ahornsirup beträufelt servieren.

♥ TIPPS:

- *Die Grießmasse lässt sich prima schon am Vorabend zubereiten. Dann über Nacht mit Frischhaltefolie abdecken, damit sie an der Oberfläche nicht austrocknet. Oder die Masse in eine mit Frischhaltefolie ausgelegte Kastenform drücken, am nächsten Tag stürzen und in Schnitten schneiden.*
- *Die Grießschnitten lassen sich auch in einer herzhaften Version zubereiten: Dafür statt der Haselnüsse 1 EL gehackte Rosmarinnadeln mit dem Haferdrink aufkochen. Oder statt Rosmarin 50 g fein geschnittene Pilze (z. B. Champignons, Egerlinge, Steinpilze) unter die Masse mischen. Zu den herzhaften Grießschnitten frisch aus der Pfanne schmeckt ein bunter Salat oder beliebiges Gemüse.*
- *Erkaltet sind die gebratenen Grießschnitten ideal zum Mitnehmen.*

Apfel-Zimt-Bananen-Quinoa

amb

(im Bild oben)

Für 2 Personen Zubereitungszeit: 30 Minuten

- 135 g Quinoa
- 140 ml naturtrüber Apfelsaft
- ½ Vanilleschote
- 1 TL gemahlener Zimt
- 1 Msp. geriebene Muskatnuss
- 2 kleine säuerliche Äpfel (z. B. Boskop)
- 3 EL Rosinen
- 1 Banane
- Ahornsirup zum Servieren

1 Die Quinoa in ein Sieb geben und unter fließendem heißem Wasser abbrausen. Mit 140 ml Wasser, Apfelsaft, ausgekratztem Vanillemark und der Schote, Zimt und Muskatnuss in einen Topf geben und zum Kochen bringen.

2 Die Äpfel waschen und vom Kerngehäuse befreien. Einen Apfel in feine Scheibchen schneiden und zur Quinoa geben. Die Mischung bei mittlerer Hitze etwa 20 Minuten kochen. Dabei 5 Minuten vor Ende der Garzeit die Rosinen unterrühren.

3 In der Zwischenzeit die Banane schälen und mit dem zweiten Apfel in Scheibchen schneiden. Die gekochte Quinoa auf zwei Portionsschälchen verteilen und mit den Fruchtscheibchen garnieren. Mit Ahornsirup beträufelt servieren.

Quinoa mit Beeren und Mandeln

an

(im Bild unten)

Für 2 Personen Zubereitungszeit: 25 Minuten

- 135 g Quinoa
- 400 ml Mandeldrink
- 1 Stück (3 cm) Vanilleschote
- 1 Msp. gemahlener Zimt
- 1 Msp. geriebene Muskatnuss
- 1 TL Agavensirup (nach Belieben)
- 2 EL Mandelblättchen
- 100 g Beeren (z. B. Erdbeeren, Himbeeren, Brombeeren)

1 Die Quinoa unter fließendem heißem Wasser abspülen. Mit Mandeldrink, ausgekratztem Vanillemark, Zimt und Muskat zum Kochen bringen und 15 Minuten schwach kochen lassen. Dabei gelegentlich umrühren.

2 In der Zwischenzeit die Mandelblättchen in einer Pfanne ohne Fett goldgelb rösten.

3 Den Agavensirup in die gegarte Quinoa einrühren. Die Quinoa mit der Flüssigkeit auf zwei Müslischalen verteilen und mit Mandelblättchen und Beeren garniert servieren.

❤ **TIPP:** *Das Gericht lässt sich superschnell mit gegarter Quinoa zubereiten: Dazu einfach für 100 g gekochte Quinoa 300 ml Mandeldrink mit Gewürzen und Agavensirup erhitzen und über die gegarte Quinoa gießen.*

Buchweizen-Bananen-Pancakes

hs

Kinder lieben diese knusprigen Buchweizenpancakes – besonders mit der Schoko-Nuss-Creme von Seite 47!

Für 2–3 Personen (6–8 Pancakes) Zubereitungszeit: **25 Minuten**

1 kleine reife Banane

1 TL Vanillezucker

2 TL Rohrohrzucker

150 ml Hafer-, Reis- oder Mandeldrink

100 g Buchweizenmehl

1 Prise Salz

je ½ TL gemahlener Zimt und Weinsteinbackpulver

Rapsöl zum Backen

Zum Servieren:

3–4 EL gehackte Walnusskerne nach Belieben

Ahornsirup

1. Die Banane schälen und mit Rohrohrzucker, Vanillezucker und dem Hafer-, Reis- oder Mandeldrink pürieren.
2. Buchweizenmehl mit Salz, Zimt und Backpulver mischen und mit der Bananenmilch glatt rühren.
3. In einer beschichteten Pfanne 3–4 EL Rapsöl erhitzen. Mit einer kleinen Schöpfkelle jeweils eine Portion der Pancake-Masse abnehmen und im heißen Öl in etwa 3–4 Minuten von beiden Seiten knusprig backen. Die fertigen Pancakes auf einer Platte oder einem Teller warm stellen.
4. Die Pancakes nach Belieben mit gehackten Walnusskernen bestreuen und mit Ahornsirup beträufelt servieren.

♥ **TIPP:** *Aus der Masse lassen sich auch feine Heidelbeerpancakes machen. Dafür einfach 100 g Heidelbeeren unter die fertige Pancake-Masse heben und wie beschrieben ausbacken.*

Nusspalatschinken wb

Ob mit Nussfüllung oder nur mit Marmelade bestrichen – diese österreichischen Pfannkuchen machen alle glücklich.

Für 2–3 Personen (4–6 Palatschinken) Zubereitungszeit: **30 Minuten**

Für den Palatschinkenteig:

170 g Dinkelmehl (Type 630)

1 Prise Meersalz

½ TL Backpulver

70 g Vollrohrzucker

100–160 ml kohlensäurehaltiges Mineralwasser

170 ml Pflanzendrink (z. B. Haferdrink)

Rapsöl oder vegane Margarine

Zum Servieren:

100 ml Hafer- oder Mandeldrink

1 EL Ahornsirup

120 g gemahlene Haselnusskerne

100 g veganer Nussnougat oder vegane Schokoladensauce

1. Dinkelmehl mit Salz, Backpulver und 2½ EL Zucker in eine Rührschüssel geben, 100 ml Wasser und Pflanzendrink zufügen und glatt rühren. Ist der Teig zu dickflüssig, noch etwas Wasser einrühren.
2. In einer mittelgroßen beschichteten Pfanne 1½ EL Öl oder Margarine verteilen (z. B. mit einem hitzestabilen Silikon-Backpinsel oder mit Küchenpapier) und erhitzen. Etwa eine Kelle Teig in das heiße Fett gießen und durch Schwenken rasch in der Pfanne verteilen. Sobald der Palatschinken an den Rändern hellbraun wird, mit einem Pfannenwender umdrehen und von der zweiten Seite fertig backen. Auf diese Weise vier Palatschinken backen, die fertigen zwischen zwei großen Tellern im Backofen bei 70 °C warm halten.
3. Für die Füllung Hafer- oder Mandeldrink mit Ahornsirup und dem restlichen Zucker aufkochen. Die gemahlenen Nüsse einrühren. Nussnougat oder Schokoladensauce im Wasserbad erhitzen und 2 EL davon in die Masse einrühren.
4. Die Palatschinken mit der Nussfüllung bestreichen und zweimal – zuerst zu einem Halbkreis, dann zu einem Viertelkreis – zusammenklappen oder die Palatschinken aufrollen. Jeweils zwei auf vorgewärmten Portionstellern anrichten und mit der restlichen Nussnougat- oder Schokoladensauce beträufelt servieren.

❤ **TIPP:** *Die Palatschinken schmecken nicht nur zum Frühstück, sondern auch als süßer Abschluss eines veganen Menüs. Dann kann man die erwärmte Nougatmasse bei Schritt 3 noch mit 2 cl Rum abschmecken und die Palatschinken mit veganer geschlagener Sahne garnieren. Mit Puderzucker bestäubt servieren.*

Zartbittere Schoko-Nuss-Creme

dn

(im Bild oben)

Für 2 Personen Zubereitungszeit: **20 Minuten**

- 30 g Haselnusskerne
- 50 g Zartbitterschokolade (70% Kakao)
- 100 g Kokosöl
- 50 g Nussmus (Glas)
- 1–2 EL Ahornsirup

1 Die Haselnusskerne in einer Pfanne ohne Fett rundherum goldbraun rösten und hacken.

2 In einem Topf etwas Wasser zum Kochen bringen. Eine Schüssel auf den Topf stellen und die Schokolade darin unter Rühren schmelzen. Kokosöl einrühren, bis eine glatte Masse entstanden ist. Nussmus und gehackte Haselnüsse unterrühren. Die Schoko-Nuss-Creme mit Ahornsirup süßen und in einem Schraubglas im Kühlschrank aufbewahren.

Himbeer-Sonnenblumen-Aufstrich

dn

(im Bild unten)

Für 2 Personen Zubereitungszeit: **15 Minuten + Einweichen über Nacht**

- 125 g Sonnenblumenkerne
- 3 EL Mandeldrink
- ½ EL Zitronensaft
- 80 g Himbeeren
- 1 EL Reissirup
- einige Blättchen frische Minze

1 Die Sonnenblumenkerne über Nacht in 250 ml Wasser einweichen. Am nächsten Tag überschüssiges Wasser abgießen. Mandeldrink und Zitronensaft zu den Kernen geben und alles fein pürieren.

2 Die Himbeeren säubern und mit dem Reissirup pürieren. Die Minzblättchen waschen, trocken tupfen, sehr fein hacken und mit dem Himbeerpüree unter die pürierten Sonnenblumenkerne rühren.

Vegan zum Mitnehmen

Unterwegs, im Büro, in der Uni – wo ist der nächste vegane Imbiss? Hier! Vom fruchtigen Powerriegel über Kräuterbrot mit Paprikaaufstrich bis zu Kichererbsen-Burger und Antipastisalat lässt sich alles prima vorbereiten und transportieren.

Müsliriegel

dn

Kann man immer im Auto oder im Büro liegen haben: Der Power-Müsliriegel ist blitzschnell gemacht, hält sich eine ganze Weile und schmeckt auch Kindern in der Pause.

Für 24 Riegel Zubereitungszeit: **25 Minuten + 20 Minuten Backen**

50 g gemischte Trockenfrüchte (z. B. Feigen, Datteln, Pflaumen, Aprikosen, Kirschen, Mango) oder getrocknete Cranberrys

50 ml Rapsöl

200 g Ahornsirup

150 g Müslimischung nach Belieben oder feine Haferflocken

100 g Haferkleie

20 g Dinkelmehl (Type 630; glutenfreier Ersatz: Reismehl)

50 g gepoppter Amaranth

50 g Rosinen

50 g Kokosraspel

1 Prise Salz

1 TL gemahlener Zimt

1. Den Backofen auf 170 °C vorheizen. Trockenfrüchte fein hacken. Rapsöl und Ahornsirup in einem Topf leicht erwärmen.
2. Alle restlichen Zutaten vermischen und die Öl-Dicksaft-Mischung gründlich unterrühren. Die Masse auf ein mit Backpapier ausgelegtes Blech etwa 1 cm hoch aufstreichen und mit den Fingern oder mit einer Palette fest andrücken. Im vorgeheizten Backofen etwa 20 Minuten backen.
3. Herausnehmen und abkühlen lassen. Mit einem scharfen Messer in 24 Riegel schneiden.

❤ **TIPP:** *Variieren Sie das Rezept nach Ihren Vorlieben: Sie können in die Müslimischung Ihre Lieblingsnüsse und -samen geben, zum Beispiel gehackte Mandeln, Hasel- oder Walnusskerne, Kürbis- und Sonnenblumenkerne oder Sesamsamen.*

Aprikosen-Walnuss-Riegel (an)

Natürliche Süße und Energie aus Datteln, Aprikosen und Nusskernen – das schenkt unterwegs jederzeit neue Kraft.

Für 6–12 Riegel Zubereitungszeit: **25 Minuten + 30 Minuten Kühlen**

6 Datteln
2 getrocknete Feigen
2 Trockenpflaumen (ohne Stein)
50 ml Mandeldrink
¼ TL Vanilleextrakt oder 1 Stück (2 cm) Vanilleschote
100 g getrocknete Aprikosen
100 g Walnusskerne
½ TL geriebene Muskatnuss
Saft von ½ Orange
75 g gemahlene Mandeln

1. Für das Dattelpüree die Trockenfrüchte mit Mandeldrink und Vanilleextrakt oder dem ausgekratzten Mark der Vanilleschote im Mixer glatt pürieren.
2. Die Aprikosen mit den Walnusskernen grob hacken. In eine Schüssel füllen und mit Dattelpüree, Muskat und Orangensaft verrühren. Die gemahlenen Mandeln unterkneten.
3. Die Masse auf Backpapier etwa 1,5 cm dick zu einer Platte von etwa 16 x 16 cm aufstreichen und mindestens für einige Minuten, besser etwa 30 Minuten, ins Gefrierfach stellen.
4. Mit einem scharfen Messer in sechs oder zwölf Riegel schneiden. In Pergamentpapier verpacken und an einem kühlen Ort aufbewahren.

TIPPS:

- *Die Riegel eignen sich als schnelles Frühstück genauso wie als Kraftspender für zwischendurch.*
- *Stellen Sie das Dattelpüree in größerer Menge her, wenn Sie gerade Zeit haben. Es lässt sich im Schraubglas mindestens eine Woche im Kühlschrank aufbewahren und schmeckt auch gut im Müsli, im Obstsalat, als süßer Aufstrich auf Brot und als Zuckerersatz in Gebäck.*

Energiekugeln

amb

Nicht nur ein gesunder Happen für zwischendurch – die Energiekugeln schmecken so fein, dass manche sie an Weihnachten auf den Plätzchenteller legen.

Für 30 Stück Zubereitungszeit: **15 Minuten**

180 g gemahlene Mandeln

60–70 g Rohrohrzucker oder Xylit (Birkenzucker)

1 EL gemahlener Zimt

2 EL Speisestärke (ca. 25 g)

Puderzucker nach Belieben

1 Den Backofen auf 250 °C (Umluft) vorheizen. Mandeln, Zucker und Zimt gut mischen. Die Speisestärke mit 2–3 EL Wasser glatt anrühren und unterheben. So lange mischen, bis eine relativ feste Masse entsteht. Je nach Mahlgrad der Mandeln eventuell noch 1–2 EL Wasser zugeben.

2 Mit einem Teelöffel kleine Portionen der Mischung abstechen, mit leicht angefeuchteten Händen zu glatten Kugeln formen und auf ein mit Backpapier ausgelegtes Blech legen.

3 Die Energiekugeln im vorgeheizten Backofen 4–5 Minuten backen, bis sie angetrocknet und innen noch weich sind. Falls die Kugeln noch sehr weich sind, lässt man sie noch ein paar Minuten im ausgeschalteten Backofen. Sie sollten aber auf keinen Fall zu braun werden.

4 Die Kugeln abkühlen lassen und nach Belieben mit etwas Puderzucker besieben. In einer Dose trocken und kühl aufbewahren.

TIPPS:

- *Die Energiekugeln eignen sich prima als schnelle Kraftspender für unterwegs.*
- *Xylit (Birkenzucker) ist ein zahnschonender Süßstoff, der sich als Ersatz für Zucker anbietet.*

Einkornbrötchen

dn

Einkorn ist ein Urahn des Weizens – Öko-Bauern kultivieren es heute wieder, weil es robust ist und weniger Gluten, dafür wesentlich mehr Eiweiß und Mineralstoffe enthält als moderner Weizen.

Für 12 Semmeln Zubereitungszeit: **45 Minuten + 12½ Stunden Gehen + 20 Minuten Backen**

500 g Einkornmehl
20 g frische Hefe (½ Würfel)
½ TL gemahlener Kümmel
½ TL Salz
1 TL Gerstenmalz (nach Belieben)
Mehl zum Bearbeiten

1 Das Mehl in eine Schüssel geben. Die Hefe in 300 ml lauwarmem Wasser glatt rühren und mit Kümmel, Salz und Gerstenmalz zum Mehl geben. Alles mit den Knethaken des Handrührgeräts oder mit den Händen zu einem glatten Teig verarbeiten, bei Bedarf noch 3–4 EL Wasser zugeben. Den Teig 10 Minuten gut durchkneten und für 12 Stunden zugedeckt in den Kühlschrank stellen.

2 Ein Backblech mit Backpapier auslegen. Den Teig in 12 Portionen teilen und jede Portion mit bemehlten Händen zu einem runden Brötchen drehen. Die Teiglinge mit ausreichend Abstand auf das Blech legen. Mit einem Geschirrtuch abgedeckt an einem warmen Ort 30 Minuten gehen lassen. Den Backofen auf 220 °C vorheizen.

3 Eine kleine Schüssel heißes Wasser in den Backofen stellen und die Brötchen etwa 15 Minuten backen. Die Wasserschüssel aus dem Ofen nehmen und die Brötchen weitere 5 Minuten knusprig braun backen.

TIPPS:

- *Das Gerstenmalz verbessert Farbe und Geschmack der Brötchen und verhilft zu einer schönen Kruste. Sie können es auch weglassen, allerdings hält sich eine angebrochene Packung sehr lange.*
- *Eine schöne Kruste bekommt man auch durch zweimaliges Backen. Dazu unterbricht man den Backvorgang etwa 5 Minuten vor Ende und nimmt das Blech heraus. Man kann es mit den halb gebackenen Brötchen für einige Stunden, zum Beispiel über Nacht, beiseite stellen. Am nächsten Tag bäckt man die Semmeln in etwa 5 Minuten knusprig fertig.*

Kräuterbrot für jede Jahreszeit

dn

Experimentieren Sie mit unterschiedlichen Kräutermischungen fürs Brot: Das Ergebnis schmeckt jedes Mal anders, aber immer gut.

Für eine Kastenform von 20 cm Länge Zubereitungszeit: **40 Minuten + 25 Minuten Backen**

20 g frische Hefe (1/2 Würfel)

1/2 TL Birnendicksaft

etwa 120 g verschiedene Kräuter und Wildkräuter (siehe Tipp)

4 EL kalt gepresstes Olivenöl

etwa 250–300 g Dinkelvollkornmehl

1 1/2 TL Salz

Rapsöl und Mehl für die Form

1 Hefe in 200 ml lauwarmem Wasser mit dem Birnendicksaft glatt rühren und 10 Minuten stehen lassen.

2 Die Kräuter waschen, trocken tupfen und grob schneiden. Das Olivenöl in einer kleinen Pfanne erhitzen und die Kräuter darin zusammenfallen lassen. Vom Herd ziehen und etwas abkühlen lassen.

3 Mehl, aufgelöste Hefe und die warme Kräuter-Öl-Mischung mit dem Salz zu einem glatten, elastischen Teig kneten. Eine Kastenform mit Rapsöl ausstreichen und mit Mehl ausstäuben. Den Backofen auf 220 °C vorheizen. Den Teig einfüllen, glatt streichen und 10 Minuten an einem warmen Ort zugedeckt gehen lassen.

4 Die Form in den Ofen stellen und das Brot in 20–25 Minuten goldbraun backen. Dabei nach etwa 10 Minuten Backzeit das Brot der Länge nach etwa 1 cm tief einschneiden, damit es gleichmäßig aufgeht.

♥ **TIPP:** *Dieses Brot kann man mit allen Kräutern je nach Saison backen, von Petersilie und Majoran über Bärlauch, Kerbel und Salbei bis zu Brennnessel, Giersch und wildem Thymian.*

4 x Aufstrich fürs vegane Pausenbrot

dn

Für je 2–4 Personen Zubereitungszeit: Je 10–30 Minuten

Erbsenaufstrich mit Pinienkernen (oben links)

200 g TK-Erbsen, Salz
50 g Pinienkerne
je 1 Stängel Petersilie und Basilikum
2 EL Olivenöl
Salz, Pfeffer

Die Erbsen mit wenig Wasser in einen Topf geben und zum Kochen bringen. Salzen und etwa 5 Minuten kochen. Pinienkerne in einer Pfanne ohne Fett goldbraun rösten. Kräuter waschen, trocken tupfen und fein hacken. Die Erbsen abgießen. Alles mit Öl und Kräutern fein pürieren und mit Salz und Pfeffer abschmecken. Die gerösteten Pinienkerne unterrühren.

Paprikaaufstrich mit Hanfsamen (oben rechts)

1 kleine rote Paprikaschote (90 g)
50 g weiche getrocknete Tomaten
1 Stängel frische Petersilie
125 g geschälte Hanfsamen (ersatzweise Sonnenblumenkerne)
100 ml Sonnenblumenöl
etwas Chilipulver, 1 TL Salz

Die Paprikaschote waschen, entkernen und klein schneiden. Getrocknete Tomaten würfeln. Petersilie waschen, trocken tupfen und fein hacken. Alle Zutaten außer der gehackten Petersilie pürieren, dabei das Chilipulver nach gewünschter Schärfe dosieren. Die gehackte Petersilie unterrühren.

♥ **TIPP:** *Der Aufstrich schmeckt auch, mit etwas heißem Nudelwasser verrührt, als Pesto zu frisch gekochten Spaghetti.*

Rote-Bete-Aufstrich (unten links)

200 g gekochte Rote Bete
½ Knoblauchzehe, 1 Stängel Petersilie
1 EL Tahin, 2 EL Olivenöl, ½ EL Apfelessig
Salz, Pfeffer

Rote Bete in Stücke schneiden. Knoblauch schälen und hacken. Petersilie waschen, trocken tupfen und hacken. Alle Zutaten pürieren und mit Salz und Pfeffer abschmecken.

Kartoffelaufstrich (unten rechts)

100 g grüne Bohnen, Salz
300 g mehligkochende Kartoffeln
½ Avocado, 1 kleine Schalotte
1 Stängel frische Petersilie, 2 EL Olivenöl
1 TL Zitronensaft, Pfeffer

Bohnen waschen, putzen und in Salzwasser in 15 Minuten weich kochen. Kartoffeln schälen, würfeln und in einem zweiten Topf mit Salzwasser in 25 Minuten weich kochen. Avocado schälen und würfeln. Schalotte schälen und fein hacken. Petersilie waschen, trocken tupfen und fein hacken. Kartoffeln und Bohnen abgießen. Alle vorbereiteten Zutaten außer Petersilie mit Olivenöl und Zitronensaft pürieren. Mit Salz, Pfeffer und Petersilie würzen.

Kichererbsen-Frikadellen

an

Diese Frikadellen schmecken mit Tomatensauce, Gemüse oder Salat, im Burgerbrötchen oder auch kalt aus der Brotzeitdose.

Für 6–8 Stück (4 Personen als Vorspeise oder Snack, 2 Personen als Hauptgericht) Zubereitungszeit: **20 Minuten**

- 265 g Kichererbsen (Dose oder Glas)
- 1 kleine Zucchini (150 g)
- 1 rote Zwiebel
- 1 Knoblauchzehe
- 3 EL frisch gehackte Kräuter (Petersilie, Koriandergrün, Schnittlauch)
- 1 TL gemahlener Kreuzkümmel
- Salz, Pfeffer
- 60 g glutenfreie Haferflocken
- 2 EL Olivenöl
- 3 EL Rotweinessig
- 2 EL Erdnusscreme oder pürierte Cashewkerne
- 2 EL Öl zum Braten

Zum Servieren mit Salat:

- 100 g Feldsalat oder anderer grüner Blattsalat
- 1 Tomate (200 g)

Zusätzlich für Burger:

- glutenfreie Brötchen
- Ketchup oder vegane Mayonnaise (gekauft oder selbst gemacht, Rezept Seite 119)
- Cornichons

1 Die Kichererbsen in ein Sieb abgießen, unter fließendem kaltem Wasser abbrausen und abtropfen lassen.

2 Die Zucchini waschen, putzen und grob raspeln. Die Zwiebel schälen. Eine Hälfte hacken, die andere für die Garnitur in feine Streifen schneiden. Die Knoblauchzehe schälen und fein hacken.

3 Die Kichererbsen in einer Schüssel mit einer Gabel oder dem Kartoffelstampfer zerdrücken. Zucchini, gehackte Zwiebel, Knoblauch, Kräuter, Gewürze, Haferflocken, Olivenöl, Essig und Erdnusscreme hinzufügen und mit den Händen gut vermengen.

4 Aus der Masse 6–8 etwa 1,5 cm dicke Frikadellen formen. Das Öl in einer beschichteten Pfanne erhitzen und die Frikadellen auf jeder Seite in 5 Minuten goldbraun braten.

5 Den Salat und die Tomate waschen. Die Tomate in dünne Scheiben schneiden. Zum Mitnehmen Frikadellen und Salat separat verpacken, zum Verzehr auf dem Blattsalat anrichten und mit Tomatenscheiben und Zwiebelstreifen garnieren. Oder für vegane Burger die glutenfreien Brötchen aufschneiden, mit Ketchup oder Mayonnaise bestreichen, mit Salatblättern, Tomatenscheiben, Zwiebelstreifen und Cornichons belegen und je 1 Kichererbsenfrikadelle zwischen 2 Brötchenhälften packen.

Wraps mit Kidneybohnen und Cranberrys

an

Sie sind perfekt zum Mitnehmen, machen unterwegs supersatt und sind gesund: Für die Wraps können Sie übrigens auch die Pfannkuchen von Seite 178 verwenden.

Für 2 Personen Zubereitungszeit: **25 Minuten**

1 Stange Staudensellerie

50 g Walnusskerne

200 g Kidneybohnen (Dose)

30 g getrocknete Cranberrys

Salz, Pfeffer

1 EL (35 g) vegane Mayonnaise (fertig gekauft oder selbst gemacht, Rezept Seite 119)

6 Maiswraps oder große Eisberg-Salatblätter

Extras zur Wahl:

einige Salatblätter

4–6 Cocktailtomaten

2 Cornichons

2 EL Maiskörner (Dose)

40 g Sojasprossen oder anderes Sprossengemüse

1 Sellerie waschen, die Fäden abziehen und die Stange in feine Scheiben schneiden. Die Walnusskerne fein hacken.

2 Die Bohnen in ein Sieb abgießen, abspülen und in einer Schüssel mit der Gabel zerdrücken. Sellerie, Walnusskerne und Cranberrys dazugeben und alles gut vermischen. Mit Salz und Pfeffer würzen und die Mayonnaise unterrühren.

3 Für die Extras: Salatblätter waschen, trocken tupfen und in feine Streifen schneiden. Tomaten waschen und halbieren oder vierteln. Die Cornichons fein würfeln. Den Mais und die Sprossen unter fließendem Wasser abspülen und abtropfen lassen.

4 Die Tortillas nach Packungsanweisung erwärmen. Die Bohnenmischung in sechs Portionen teilen. Je eine Portion in die Mitte der Wraps – oder der Salatblätter – geben und nach Belieben ein oder mehrere Extras hinzufügen. Die Wraps aufrollen und gleich genießen oder in Butterbrotpapier/eine Brotdose verpacken und für unterwegs mitnehmen.

Antipasti to go

dn

Leichte Sommermahlzeit fürs Büro oder zu einem guten Rotwein beim Abendessen – mit den marinierten Gemüsen kommt Italienstimmung auf.

Für 2 Personen Zubereitungszeit: **40 Minuten**

je 60 g Möhre, Aubergine, Zucchini, gelbe Paprikaschote und Kräuterseitlinge oder Champignons

Salz, Pfeffer

80 ml Olivenöl

1–2 EL weißer Balsamico-Essig

½ Bund frisches Basilikum

1 Möhre schälen, längs mit dem Sparschäler in Streifen schneiden und in wenig kochendem Salzwasser in 2 Minuten bissfest garen. Herausnehmen und mit Salz und Pfeffer würzen.

2 In der Zwischenzeit Aubergine und Zucchini waschen und in 5 mm dünne Scheiben schneiden. Pilze putzen und ebenfalls in Scheiben schneiden. Paprikaschote waschen, putzen und in 1 cm breite Streifen schneiden.

3 Etwa die Hälfte des Olivenöls in einer Pfanne erhitzen und das Gemüse und die Pilze darin portionsweise auf beiden Seiten etwa 7 Minuten braten. Salzen und pfeffern.

4 Gebratenes Gemüse, Pilze und Möhren in eine Schüssel schichten und mit Essig und restlichem Olivenöl beträufeln. Zugedeckt über Nacht im Kühlschrank ziehen lassen.

5 Morgens in eine dicht schließende Box füllen und mit gewaschenen und frisch gezupften Basilikumblättern bestreuen.

♥ **TIPP:** *Stellen Sie gleich die doppelte Menge her, die Antipasti halten sich gut 2 Tage im Kühlschrank. Das Gemüse schmeckt auch gut zwischen zwei Brot- oder Brötchenscheiben oder als fix und fertige Vorspeise am Abend. In diesem Fall nehmen Sie das Gemüse aus dem Kühlschrank, sobald Sie nach Hause kommen. Dann hat es Zimmertemperatur angenommen und sein volles Aroma entfaltet, wenn Sie sich an den Tisch setzen.*

Grünkohlsalat

dn

(im Bild oben)

Für 2 Personen Zubereitungszeit: **15 Minuten**

- 150 g Grünkohl
- 2 Möhren (100 g)
- ½ Apfel
- 1½ EL Mandelmus
- 1 EL geschälte Hanfsamen (ersatzweise Sonnenblumenkerne)
- 4 EL frisch gepresster Orangensaft
- 1 EL Rosinen (nach Belieben)
- Salz

1 Grünkohlblätter waschen, abtropfen lassen und sehr(!) fein hacken. Die Möhren putzen und fein reiben. Apfel schälen, vom Kerngehäuse befreien und fein reiben.

2 Mandelmus und Hanfsamen mit dem Orangensaft verrühren und unter die vorbereiteten Salatzutaten mischen. Nach Belieben die Rosinen zugeben. Den Salat mit Salz abschmecken.

TIPPS:

- *Diesen Salat essen viele Kinder gern, wenn man ihn nicht salzt und einige Rosinen dazugibt.*
- *Der Salat ist bestens zum Mitnehmen geeignet: Im Schraubverschlussglas bleibt er saftig und knackig und ist eine leichte, erfrischende Mahlzeit für unterwegs.*

Zucchinisalat mit Birnen

amb

(im Bild unten)

Für 2 Personen Zubereitungszeit: **20 Minuten**

- 400 g Zucchini
- 3 kleine rote Zwiebeln
- 3 EL Kokosöl
- 1 TL gemahlener Koriander
- ¼ Bund Koriandergrün
- Saft von 1 kleinen Zitrone
- 2 TL Ahornsirup
- Salz, Pfeffer
- 2 süße Birnen (300 g)

1 Die Zucchini waschen, putzen und in dünne Stifte schneiden. Die Zwiebeln schälen, halbieren und in dünne Halbringe schneiden.

2 1 EL Kokosöl in einer Pfanne erhitzen, Zucchini und Zwiebeln mit dem gemahlenen Koriander darin bei starker Hitze rührbraten, bis sie bissfest sind. Koriandergrün waschen, trocken tupfen und fein hacken.

3 Für das Dressing Zitronensaft, restliches Kokosöl, Ahornsirup, Salz und Pfeffer glatt rühren. Die Birnen nach Belieben schälen. Das Kerngehäuse entfernen, die Birnen in Scheibchen schneiden. Sofort mit dem Dressing vermischen.

4 Zucchini und Zwiebeln untermischen und den Salat mit Koriandergrün bestreut servieren.

amb

Quinoa-Gemüse-Salat mit Traubendressing

Süß, frisch und knackig – die Trauben im Quinoasalat harmonieren perfekt mit dem Gemüse.

Für 2 Personen Zubereitungszeit: **30 Minuten**

etwa 400 g Gemüse je nach Vorliebe und Saison (z. B. Paprikaschoten, Rote Bete, Kartoffeln, Zucchini, Hokkaido-Kürbis, Süßkartoffeln, Gemüsezwiebeln, Schalotten, Knollen- oder Staudensellerie)

200 g kernlose grüne Trauben

1–2 TL Kokosöl

150 g Quinoa (rot, weiß, braun oder gemischt)

6 EL Sonnenblumenöl

3 EL Ahornsirup

1 EL Apfelessig

1 TL Salz, Pfeffer

½ TL Kurkuma

1 Den Backofen auf 200 °C (Umluft) vorheizen. Das Gemüse waschen, putzen und in 1,5 cm große Würfel schneiden. 80 g Trauben waschen, halbieren und zum Gemüse geben. Kokosöl darüber träufeln und alles gut vermischen. Die Mischung auf ein mit Backpapier ausgelegtes Backblech geben und im Backofen 20 Minuten garen.

2 In der Zwischenzeit die Quinoa mit der doppelten Menge Wasser zum Kochen aufsetzen und 10 Minuten schwach kochen lassen (bzw. nach Packungsangabe).

3 Die restlichen Trauben waschen und zusammen mit Sonnenblumenöl, Ahornsirup, Apfelessig, Salz, Pfeffer und Kurkuma zu einer glatten Sauce pürieren.

4 Das gebackene Gemüse mit der gegarten Quinoa vorsichtig vermischen und mit der Sauce beträufelt servieren.

❤ **TIPPS:**

- *Die Trauben können auch durch 1 Mango ersetzt werden (dann die Kurkuma weglassen).*
- *Als Abendessen warm servieren, am nächsten Tag kalt für unterwegs.*

Antipasti-Salat

amb

Dieser Salat macht alles mit – je länger er zieht, desto besser. Die Kartoffeln sättigen, die raffinierte Würze geben getrocknete Tomaten.

Für 2 Personen Zubereitungszeit: **40 Minuten**

- 500 g festkochende Kartoffeln
- 250 g rote und orange Paprikaschoten, gemischt
- 1 kleine Zucchini (150 g)
- 2–3 EL Olivenöl
- Salz, Pfeffer
- ½ Bund Petersilie
- 3 getrocknete Tomaten
- 3 EL Weißweinessig
- 3 EL Kalamata-Oliven (etwa 10 Stück)
- 3 TL Kapern

1. Die Kartoffeln schälen. Paprikaschoten und Zucchini waschen und putzen. Alles in 1–1,5 cm große Würfel schneiden und auf ein mit Backpapier belegtes Backblech geben. Den Backofen auf 180 °C vorheizen. Die Gemüsemischung mit 2 EL Olivenöl beträufeln und mit Salz und Pfeffer würzen. Gut durchmischen und etwa 30 Minuten im Backofen garen.
2. In der Zwischenzeit für die Sauce die Petersilie waschen, trocken tupfen und fein hacken. Tomaten ebenfalls fein hacken. Beides mit Essig, restlichem Öl, Oliven und Kapern vermischen. Mit Salz und Pfeffer würzen.
3. Die gebackenen Gemüse vorsichtig mit der Sauce vermischen und kalt oder warm genießen.

♥ **TIPP:** *Der Salat eignet sich prima zum Mitnehmen – er schmeckt besser, wenn er ausreichend Zeit zum Durchziehen hat.*

Schnell was Kleines

Eine warme Suppe tut so gut! Ein Teller Gemüse, ein feiner Salat – nur eine Kleinigkeit, wenn der Magen schon knurrt … Blitzschnell auf dem Tisch: leichte Gerichte von der Süßkartoffelsuppe übers Salatsüppchen bis zu Walnuss-Couscous und Rote-Bete-Spaghetti.

an

Rucolasalat mit Aprikosen, Avocado und Mandeln

Leichte Mahlzeit für den Sommer – mit vorgekochter Quinoa aus dem Kühlschrank in 10 Minuten auf dem Tisch.

Für 2 Personen Zubereitungszeit: **20 Minuten**

100 g Quinoa
300 ml Gemüsebrühe
8 getrocknete Aprikosen
100 g Rucola
1 Avocado
5 Stängel Schnittlauch
30 g Mandelblättchen

Für das Dressing:
2 EL Olivenöl
1 EL Rotweinessig
2 TL grobkörniger Senf
1 TL Agavensirup
1–2 EL Gemüsebrühe
Salz, Pfeffer

1 Quinoa in ein Sieb geben und unter fließendem kaltem Wasser waschen. Mit der Brühe in einen großen Topf geben (Quinoa quillt beim Kochen auf!) und aufkochen lassen. Die Temperatur reduzieren und die Quinoa zugedeckt 15 Minuten schwach kochen lassen, bis das Wasser vollständig aufgenommen ist und die Quinoa glasig aussieht. Abkühlen lassen.

2 Die Aprikosen klein schneiden. Rucola waschen und trocken schleudern. Die Avocado halbieren, den Kern entfernen und die Frucht schälen. Das Fruchtfleisch in feine Streifen schneiden. Den Schnittlauch waschen, trocken tupfen und in Röllchen schneiden.

3 Quinoa in einer großen Schüssel mit Aprikosen und Avocado mischen.

4 Die Zutaten für das Dressing in einer kleinen Schüssel verrühren, über den Salat gießen und alles gut durchmischen. Rucola und Mandelblättchen hinzufügen und kurz unterheben (die Blätter sollten nicht zerdrückt werden und die Mandeln sollten ganz bleiben). Mit Schnittlauch bestreut servieren.

an

Chicoréesalat mit Feigen und Pistazienpesto

Eine ganz besondere Geschmackskomposition – das Pistazienpesto verwandelt übrigens auch Nudeln in eine Delikatesse.

Für 2 Personen Zubereitungszeit: **20 Minuten**

2 Chicoréesprossen (350 g)
6–8 getrocknete Feigen (je nach Größe)
½ großer oder 1 kleiner Apfel

Für das Pesto:

100 g geschälte grüne Pistazien (ungesalzen)
1 Bund Basilikum
Saft von ½ Zitrone
3–5 EL Olivenöl
Salz, Pfeffer

Zum Garnieren:

100 g Cocktailtomaten

1 Den Chicorée waschen und die Strünke herausschneiden. Die Sprossen der Länge nach halbieren und die Blätter ablösen. Die Feigen in ½ cm breite Streifen schneiden. Den Apfel waschen und vierteln. Das Kerngehäuse entfernen und das Fruchtfleisch in feine Spalten schneiden.

2 Für das Pesto die Pistazien in der Küchenmaschine fein hacken. Einige gehackte Pistazien zum Garnieren beiseitelegen. Basilikum waschen, trocken tupfen und zusammen mit Zitronensaft und 3 EL Olivenöl in die Küchenmaschine zu den Pistazien geben. Alles zu einem Pesto pürieren. Das Pesto mit Salz und Pfeffer abschmecken und gegebenenfalls noch etwas Öl hinzufügen oder mit 1–2 EL Wasser verdünnen.

3 Die Chicoréeblätter auf zwei Tellern (oder einer Platte) anrichten. Feigen und Apfel darauf verteilen und mit dem Pesto beträufeln. Die Tomaten waschen, halbieren und den Salat damit garnieren. Mit den restlichen gehackten Pistazien bestreuen und servieren.

Quinoasalat mit Kichererbsen

an

Schnell fertig: toller Salat fürs Abendessen oder auch zum Picknick.

Für 2 Personen Zubereitungszeit: **30 Minuten**

100 g Quinoa
300 ml Gemüsebrühe
200 g Kichererbsen (Dose oder Glas)
2 kleine Knoblauchzehen
100 g junger Spinat
1 Bund glatte Petersilie
100 g Cocktailtomaten
1 große Avocado
5 Stängel Schnittlauch

Für das Dressing:
Saft von 1 Zitrone
1 TL grobkörniger Senf
2 EL Olivenöl
1–2 TL Agavensirup
Salz, Pfeffer

1 Quinoa in ein Sieb geben und unter fließendem kaltem Wasser waschen. Mit der Brühe in einen großen Topf geben (Quinoa quillt beim Kochen auf!) und aufkochen lassen. Die Temperatur reduzieren und die Quinoa zugedeckt 10 Minuten schwach kochen lassen, bis das Wasser vollständig aufgenommen ist und die Quinoa glasig aussieht. Abkühlen lassen.

2 Kichererbsen in ein Sieb geben, abbrausen und abtropfen lassen. Knoblauch schälen. Spinat und Petersilie waschen und trocken schleudern, mit dem Knoblauch im Blitzhacker sehr fein zerkleinern.

3 Tomaten waschen und halbieren. Avocado halbieren, Kern und Schale entfernen und das Fruchtfleisch in etwa 1 cm große Würfel schneiden. Schnittlauch waschen, trocken tupfen und in Röllchen schneiden.

4 In einer großen Schüssel die Kichererbsen mit der Spinat-Knoblauch-Mischung vermengen. Abgekühlte Quinoa und Schnittlauch untermischen. Die Zutaten für das Dressing in einer kleinen Schüssel verrühren und das Dressing über den Salat gießen. Avocadowürfel und Tomaten untermischen und den Salat sofort servieren.

♥ **TIPP:** *Verwenden Sie eine Mischung aus weißer und roter Quinoa. Rote Quinoa ist oft preisgünstiger und obendrein nährstoffreicher.*

Kalte Mandelsuppe mit Knoblauch

an

(im Bild oben)

Für 2 Personen Zubereitungszeit: **20 Minuten**

- 1 Knoblauchzehe
- 125 g Mandelmus
- 45 g glutenfreies altbackenes Weißbrot ohne Rinde
- 3 EL Olivenöl
- 1 EL Sherryessig
- Salz, Pfeffer
- ½ Salatgurke
- 70 g weiße Trauben
- 2 EL Mandelblättchen

1 Knoblauch schälen und grob hacken. Mit Mandelmus, Weißbrot und 300 ml eiskaltem Wasser auf höchster Stufe im Mixer pürieren. Das Öl unterrühren. Mit Essig, Salz und Pfeffer abschmecken und bis zum Servieren in den Kühlschrank stellen.

2 In der Zwischenzeit die Gurke der Länge nach halbieren, die Kerne entfernen, das Fruchtfleisch fein würfeln. Die Trauben waschen und trocken tupfen. Die Mandelblättchen in einer Pfanne ohne Fett goldgelb rösten.

3 Die Suppe gut gekühlt mit Gurkenwürfeln, Trauben und Mandelblättchen bestreut servieren.

Avocado-Gazpacho

an

(im Bild unten)

Für 2 Personen Zubereitungszeit: **15 Minuten**

- 2 Avocados
- Saft von ½ Zitrone
- 1 kleine rote Zwiebel,
- 1 Knoblauchzehe
- 250 ml Gemüsebrühe
- ½ EL Rotweinessig, 1 EL Olivenöl
- Salz, Pfeffer
- je ½ grüne und gelbe Paprikaschote
- 1 Tomate
- je 1 EL gehacktes Koriandergrün und/oder Basilikum

1 Avocados halbieren, Kerne entfernen und das Fruchtfleisch aus den Schalen lösen. Mit dem Zitronensaft in einen Rührbecher geben.

2 Zwiebel und Knoblauch schälen, klein schneiden und zu den Avocados geben. Die kalte Brühe, Essig und Öl dazugeben und das Ganze pürieren. Mit Salz und Pfeffer abschmecken und in den Kühlschrank stellen.

3 Paprikaschoten und Tomate waschen und putzen, die Kerne entfernen. Das Fruchtfleisch sehr fein würfeln. Die Suppe mit Kräutern und den Gemüsewürfeln bestreut servieren.

Brokkolisüppchen mit Matcha

dn

(im Bild oben)

Für 2 Personen Zubereitungszeit: **30 Minuten**

- ½ kleine weiße Zwiebel
- 250 g Brokkoli
- 100 g junger Blattspinat
- 1 EL Olivenöl
- 350 ml Haferdrink
- 1 TL weißes Mandelmus
- 1 Msp. Matchapulver
- 1 Msp. geriebene Muskatnuss
- Salz, Pfeffer

1 Zwiebel schälen und fein würfeln. Brokkoli waschen, putzen, abtropfen lassen und in Röschen teilen. Spinat waschen, verlesen und abtropfen lassen. 2–3 Blättchen fein schneiden und zum Garnieren beiseitelegen.

2 In einem Topf das Olivenöl erhitzen, die Zwiebelwürfel darin andünsten und 2 Minuten bei mittlerer Hitze dünsten. Haferdrink und Brokkoli zugeben, 7 Minuten kochen lassen.

3 Mandelmus zugeben und einmal aufkochen lassen, die Spinatblätter einrühren. Die Suppe mit dem Stabmixer fein pürieren, mit Matcha, Muskatnuss, Salz und Pfeffer abschmecken. Mit dem fein geschnittenen Spinat bestreut servieren.

♥ **TIPP:** *Matchapulver gibt einen Energiekick – wenn Sie die Suppe abends essen, lieber weglassen.*

Salatsuppe mit Kokos

dn

(im Bild unten)

Für 2 Personen Zubereitungszeit: **15 Minuten**

- je ½ Kopfsalat und Romanasalat
- 1 Handvoll Rucola
- 1 kleine Schalotte
- 2 EL Olivenöl
- 500 ml Gemüsebrühe
- 125 ml Kokosmilch
- 1 EL Zitronensaft
- Salz, Pfeffer, geriebene Muskatnuss
- Kokoschips zum Garnieren nach Belieben

1 Kopfsalat, Romanasalat und Rucola in einzelne Blätter teilen und verlesen. Die Salate waschen und in einem Sieb abtropfen lassen.

2 Die Schalotte schälen und fein würfeln. In einem Topf Olivenöl erhitzen und die Schalotte andünsten. Den Salat dazugeben und zusammenfallen lassen. Mit der Brühe aufgießen und aufkochen lassen. Mit dem Stabmixer fein pürieren.

3 Die Kokosmilch dazugießen und die Suppe noch einmal aufkochen lassen. Mit Zitronensaft, Salz, Pfeffer und Muskatnuss abschmecken und – eventuell mit Kokoschips bestreut – heiß servieren.

Gemüsecremesuppe

wb

Die Zutaten hat man im Vorrat, das Kochen dauert kein halbes Stündchen – das ist blitzschnelle, einfache Gesundküche.

Für 2 Personen Zubereitungszeit: **25 Minuten**

300 g gemischtes TK-Gemüse (z. B. Möhren, Blumenkohl, Erbsen, Kohlrabi)

50 g Lauch (grüner Teil)

25 g vegane Margarine

Himalaya-Salz

25 g Dinkelmehl (Type 630; glutenfreier Ersatz: Maisstärke)

2 EL Schnittlauchröllchen

Pfeffer

1 Das Tiefkühlgemüse in ein Sieb geben und etwa 1 Minute unter fließendem heißem Wasser durchspülen, so taut es schneller auf. Wenn Sie es nicht so eilig haben, das gefrorene Gemüse auf einer Platte ausbreiten und bei Zimmertemperatur auftauen lassen.

2 Den Lauch längs halbieren und unter fließendem lauwarmem Wasser waschen. Den Lauch in feine Streifen schneiden.

3 Die Margarine in einem Topf erhitzen und den Lauch unter ständigem Rühren etwa 2 Minuten andünsten. 1 Prise Salz und das Mehl einrühren und kurz mitrösten. 200 ml Wasser zugießen und die Suppe unter ständigem Rühren kurz aufkochen lassen, bis das Mehl bindet.

4 Weitere 180 ml Wasser und das gemischte Gemüse in den Topf geben. Die Suppe einmal aufkochen lassen, die Hitze reduzieren und die Suppe etwa 15 Minuten bei mittlerer Hitze kochen lassen.

5 Die Suppe mit dem Stabmixer pürieren, bis sie cremig ist. Noch einmal aufkochen lassen und mit Salz und Pfeffer abschmecken. In Portionsteller füllen und mit Schnittlauch bestreut servieren.

TIPPS:

- *Noch samtiger schmeckt die Suppe, wenn man sie mit etwa 70 g veganer Sahne verfeinert.*
- *Wer die Creme sämiger will, kocht ab Schritt 4 eine geschälte und in Würfel geschnittene mehligkochende Kartoffel (50 g) mit.*

Sahnige Möhren-Sellerie-Suppe

wb

Sieht leuchtend orange aus und schmeckt auch Kindern: feine Suppe zu jeder Jahreszeit.

Für 2 Personen Zubereitungszeit: **30 Minuten**

- 50 g Stangensellerie
- 200 g Möhren
- 150 g Knollensellerie
- 4 EL Rapsöl
- Himalaya-Salz (nach Belieben)
- 1 EL Gemüsebrühepulver, -paste oder -würfel
- 50 g vegane Sahne zum Aufschlagen (z. B. Hafersahne)
- Pfeffer
- ½ Kästchen Kresse

1. Stangensellerie waschen, trocken tupfen und in feine Streifen schneiden. Möhren unter fließendem Wasser abbürsten und die Spitze und das Ende abschneiden. Die Sellerieknolle waschen und schälen (es sollte 100 g Fruchtfleisch übrig bleiben). Das Gemüse in kleine Würfel schneiden.
2. Das Rapsöl in einem Topf erhitzen und den geschnittenen Stangensellerie etwa 2 Minuten unter ständigem Wenden darin andünsten. Mit 1 Prise Salz bestreuen, Möhren und Knollensellerie zugeben und kurz mitrösten. Mit 375 ml Wasser aufgießen und die Gemüsebrühe einrühren. Die Suppe kurz aufkochen lassen, die Temperatur reduzieren und die Suppe 20 Minuten bei mittlerer Hitze zugedeckt kochen lassen.
3. In der Zwischenzeit die Sahne, bis auf 2 EL, halbfest schlagen.
4. Das Gemüse in der Brühe mit dem Stabmixer pürieren. Bei Bedarf noch etwa 100 ml Wasser zugeben. Mit 2 EL ungeschlagener Sahne verfeinern. Einmal aufkochen lassen und mit Salz und Pfeffer abschmecken. Die Kresse aus dem Kästchen schneiden, waschen und trocken schwenken.
5. Die Suppe in Portionsteller füllen. Jeweils 1 EL geschlagene Sahne in die Mitte geben, mit Kresse bestreuen und servieren.

Fenchelcremesuppe mit Birne

an

(im Bild oben)

Für 2 Personen Zubereitungszeit: **25 Minuten**

- 1 Zwiebel (100 g)
- 1 Knoblauchzehe
- 1–2 EL Olivenöl
- 1 Fenchelknolle (370 g) mit Grün
- 500 ml Gemüsebrühe
- 1 reife Birne (125 g)
- 50 g Mandel-, Hafer- oder Reiscreme
- Salz, Pfeffer

1 Zwiebel und Knoblauch schälen und fein hacken. Das Öl in einem großen Topf erhitzen, Zwiebel und Knoblauch bei schwacher Hitze darin anschwitzen.

2 Fenchel waschen und putzen. Fenchelgrün zum Garnieren beiseitelegen. Fenchel klein schneiden und in den Topf geben. Kurz mit anschwitzen. Die Brühe angießen und das Gemüse in 15 Minuten weich kochen.

3 Birne schälen und das Kerngehäuse entfernen. 4 dünne Birnenspalten abschneiden und zum Garnieren beiseitelegen. Restliches Fruchtfleisch mit dem Fenchel und 150 ml der Kochbrühe in der Küchenmaschine pürieren. Weitere 150 ml Brühe untermixen.

4 Die vegane Creme einrühren und die Suppe eventuell mit Gemüsebrühe verdünnen. Mit Salz und Pfeffer abschmecken, mit Birnenspalten und Fenchelgrün garniert servieren.

Zucchini-Portulak-Suppe

an

(im Bild unten)

Für 2 Personen Zubereitungszeit: **20 Minuten**

- 1 Zwiebel (100 g)
- 1 Knoblauchzehe
- 2 TL Kokosöl
- 2 Zucchini (400 g)
- etwa 350 ml Gemüsebrühe
- 1 Bund Portulak (100 g; ersatzweise Brunnenkresse)
- etwa 20 g geschälte Mandeln
- Salz, Pfeffer

1 Zwiebel und Knoblauch schälen und fein hacken. Das Öl in einem großen Topf erhitzen, Zwiebel und Knoblauch bei schwacher Hitze darin anschwitzen.

2 Zucchini waschen, die Enden abschneiden und das Fruchtfleisch klein schneiden. Zur Zwiebel geben und 2 Minuten anschwitzen. 250 ml Brühe angießen und die Zucchini 3 Minuten kochen lassen.

3 In der Zwischenzeit den Portulak waschen. Mit den Mandeln zur Suppe geben, alles kurz erwärmen und pürieren. Mit Brühe bis zur gewünschten Konsistenz verdünnen und die Suppe noch einmal kurz erhitzen. Mit Salz und Pfeffer abschmecken und servieren.

Szegedinersuppe

dn

Pikant, deftig, ungarisch – eine wärmende Suppe für die kalte Jahreszeit.

Für 2 Personen Zubereitungszeit: **25 Minuten**

- 200 g frisches Sauerkraut
- etwa 500 ml Gemüsebrühe
- 1 Lorbeerblatt
- je 1 rote und gelbe Paprikaschote
- 1 kleine weiße Zwiebel
- 1 EL Olivenöl
- 1 EL Tomatenmark
- 2 TL Paprikapulver, edelsüß
- 1 kleine mehligkochende Kartoffel (60 g)
- 3 EL vegane Sahne (z. B. Hafersahne)
- Salz, Pfeffer

1 Sauerkraut gut ausdrücken und klein schneiden. 500 ml Gemüsebrühe in einem Topf erhitzen und das Sauerkraut mit dem Lorbeerblatt etwa 7 Minuten bei mittlerer Hitze zugedeckt kochen lassen.

2 In der Zwischenzeit die Paprikaschoten waschen, entkernen und in 2 cm große Stücke schneiden. Zwiebel schälen und klein hacken.

3 Das Olivenöl in einem Topf erhitzen und die Zwiebeln darin andünsten. Tomatenmark und Paprikapulver einrühren und mit einer Kelle Sauerkraut-Gemüsebrühe ablöschen. Paprikastücke zugeben und kurz mitdünsten. Alles zur Sauerkrautbrühe geben.

4 Die Kartoffel schälen und in die Suppe raspeln. Die Suppe 7–10 Minuten weiter bei schwacher Hitze kochen lassen. Eventuell noch etwas Brühe angießen. Lorbeerblatt entfernen. Die Sahne einrühren und die Suppe mit Salz und Pfeffer abschmecken.

Blumenkohlsamtsuppe mit Senf

an

(im Bild links)

Für 2 Personen Zubereitungszeit: 30 Minuten

250 g Kartoffeln
2 Zwiebeln
1½ EL Olivenöl
300 g Blumenkohl
500 ml Gemüsebrühe
1½ EL grobkörniger Senf

1 Kartoffeln und Zwiebeln schälen und in grobe Stücke schneiden. Das Öl in einem großen Topf erhitzen, Kartoffeln und Zwiebeln bei schwacher Hitze darin anbraten.
2 Blumenkohl waschen, putzen, in Röschen teilen und zu den Kartoffeln geben. Die Brühe angießen, zum Kochen bringen und das Gemüse in 10 Minuten weich kochen.
3 Das Gemüse mit der Hälfte der Brühe pürieren. Mit Salz und Pfeffer abschmecken und den Senf einrühren. Die Suppe mit Brühe bis zur gewünschten Konsistenz verrühren. Die Suppe eventuell noch einmal erwärmen und heiß servieren.

Süppchen vom Muskatkürbis

dn

(im Bild rehts)

Für 2 Personen Zubereitungszeit: 20 Minuten

250 g Muskatkürbis (geputzt gewogen)
1 ½ EL Olivenöl
300 ml Gemüsebrühe
20 g Kürbiskerne
Salz
1 Msp. geriebene Muskatnuss
60 g vegane Sahne (z. B. Hafersahne)

1 Kürbis waschen und würfeln. 1 EL Olivenöl in einem Topf erhitzen und den Kürbis darin andünsten. Die Gemüsebrühe zugießen und das Kürbisfleisch in etwa 15 Minuten weich kochen.
2 In der Zwischenzeit die Kürbiskerne in einer Pfanne ohne Fett anrösten.
3 Die Kürbissuppe mit Salz und Muskatnuss würzen, restliches Olivenöl und Sahne zugeben und die Suppe mit dem Stabmixer fein pürieren. In tiefe Teller füllen und mit den gerösteten Kürbiskernen bestreuen.

Mexikanische Süßkartoffelsuppe

hs

(im Bild oben)

Für 2 Personen Zubereitungszeit: **25 Minuten**

- 1 Zwiebel
- 1 große Süßkartoffel (400 g)
- 2 EL Kokosöl
- 500 ml Gemüsebrühe
- ½ rote Paprikaschote (etwa 100 g)
- 1 grüne Chilischote
- 100 g Mais (Dose)
- 100 g Kidneybohnen (Dose)
- Salz, Pfeffer
- 1 EL gehacktes Koriandergrün

1. Zwiebel und Süßkartoffel schälen. Zwiebel würfeln, Süßkartoffel in Stückchen schneiden.
2. Das Kokosöl in einem Topf erhitzen und die Zwiebel darin anschwitzen, Süßkartoffel kurz mit anbraten. Gemüsebrühe zugeben und 10 Minuten kochen lassen, bis die Süßkartoffeln weich sind, aber nicht zerfallen. In der Zwischenzeit die Paprikaschote waschen, putzen und in Würfelchen schneiden.
3. Süßkartoffeln in ein Sieb abgießen (die Brühe auffangen) und mit einem kleinen Teil der Brühe fein pürieren. Langsam weiter Brühe zugeben, bis die gewünschte Konsistenz erreicht ist. Wieder in den Topf füllen und auf den Herd stellen.
4. Chilischote waschen, entkernen und fein hacken. Mit Mais, Bohnen und Paprikawürfeln unterrühren. Die Suppe noch einmal kurz erhitzen, mit Salz und Pfeffer abschmecken und mit Koriander bestreut servieren.

Kokos-Kürbis-Suppe

hs

(im Bild unten)

Für 2 Personen Zubereitungszeit: **15 Minuten**

- etwa 200 g Hokkaido-Kürbis
- 2 EL Kokosöl
- 500 ml Kokosmilch
- Etwa 3 EL Agavendicksaft oder Rohrohrzucker
- 1 TL Salz
- 1–2 EL Sesamsamen

1. Kürbis waschen, putzen und mit dem Gemüsehobel in dünne Streifchen schneiden. In einer beschichteten Pfanne das Kokosöl erhitzen und die Streifchen darin 6–8 Minuten anbraten.
2. Kokosmilch mit Agavendicksaft oder Rohrohrzucker und Salz aufkochen. Kürbisstreifen zugeben und 3 Minuten leise kochen lassen. Den Sesam in einer Pfanne ohne Fett leicht anrösten.
3. Die Suppe in Schälchen füllen und mit Sesam bestreut servieren.

Rote-Linsen-Suppe mit Kreuzkümmel

amb

Viel Kreuzkümmel und Minze verleihen der Linsensuppe den typisch orientalischen Geschmack. Gleichzeitig betören sie die Sinne und wirken wohltuend auf die Verdauung.

Für 2 Personen Zubereitungszeit: **30 Minuten**

- 100 g rote Linsen
- 1 Zwiebel
- 1 Knoblauchzehe
- 1 Stange Staudensellerie
- 3 EL Öl
- 1 EL Tomatenmark
- 600 ml Gemüsebrühe
- Salz, Pfeffer
- ½ Bund frische Minze
- 1 gestr. EL gemahlener Kreuzkümmel
- 1 EL Weißweinessig
- Saft von ½ Zitrone

1. Die Linsen in ein Sieb geben und mit kaltem Wasser abspülen. Zwiebel und Knoblauch schälen, Sellerie waschen und putzen. Alles in feine Würfel schneiden.
2. 1 EL Öl in einem Topf erhitzen und das Gemüse darin 2 Minuten andünsten. 2 EL davon aus dem Topf nehmen und für die Würzmischung zum Servieren beiseitestellen.
3. Das Tomatenmark in den Topf geben und 1 Minuten mit anschwitzen. Linsen und Gemüsebrühe zufügen, mit Salz und Pfeffer würzen und die Suppe unter gelegentlichem Umrühren 15 Minuten schwach kochen lassen.
4. In der Zwischenzeit die Minze waschen, trocken tupfen und grob hacken. 1 EL Öl in einer kleinen Pfanne erhitzen und den Kreuzkümmel darin anrösten. Abkühlen lassen und mit Essig, restlichem Öl und den beiseitegestellten angedünsteten Zwiebeln mischen.
5. Die Suppe mit dem Stabmixer pürieren und mit Salz, Pfeffer und Zitronensaft abschmecken. In Suppenteller verteilen und mit der Kreuzkümmelmischung und der Minze bestreut servieren.

Kastanien-Kartoffel-Suppe mit Vanille

amb

Ungewöhnlich, aber perfekt abgestimmt: Kartoffelsuppe mit Kastanien und Vanille – erdig, rund, mit einem Hauch Exotik.

Für 2 Personen Zubereitungszeit: **40 Minuten**

400 g mehligkochende Kartoffeln
2 Zwiebeln
50 g vegane Margarine
1 EL Reismehl
etwa 1 l Gemüsebrühe
350 g Esskastanien (vorgekocht, TK oder vakuumiert)
1 TL Vanillemark oder Vanillepulver
170 ml schlagbare vegane Sahne (z. B. Reissahne)
25 g Rohrzucker oder 2 EL Agavendicksaft
geriebene Muskatnuss
½ Msp. gemahlener Zimt
Salz, Pfeffer
eventuell gemahlene Chiliflocken zum Servieren

1 Die Kartoffeln waschen, schälen und in Würfel schneiden. Die Zwiebeln schälen und fein hacken.
2 Die Margarine in einem Topf erhitzen und die Zwiebeln darin andünsten. Mit Reismehl bestäuben und unter Rühren mit 1 l Gemüsebrühe auffüllen. Aufkochen lassen, Kartoffeln und Kastanien zugeben. Die Hitze reduzieren und die Suppe zugedeckt 20 Minuten schwach kochen lassen.
3 Für die Garnitur etwa 2 EL Kastanien aus der Suppe fischen, in kleine Würfel schneiden und beiseitestellen. Das Vanillemark in die Suppe geben und die Suppe weitere 10 Minuten kochen lassen.
4 In der Zwischenzeit 50 ml Sahne steif schlagen. Die restliche Sahne und Zucker bzw. Agavendicksaft in die Suppe einrühren. Die Suppe mit dem Stabmixer pürieren. Wenn die Suppe zu dick ist, noch etwas Brühe zugeben. Mit Muskat, Zimt, Salz und Pfeffer würzen.
5 Die Suppe auf tiefe Portionsteller verteilen und mit geschlagener Sahne und Kastanienwürfelchen garniert servieren. Nach Belieben einen Hauch Chiliflocken darübermahlen.

amb

Lauch-Kartoffel-Suppe mit Salsa verde und gerösteten Kürbiskernen

Mild die Kartoffeln, würzig die Kräuter und als Topping die knusprigen Kürbiskerne – ein gästetaugliches Süppchen.

Für 2 Personen Zubereitungszeit: **30 Minuten**

- 500 g mehligkochende Kartoffeln
- 75 g Lauch
- 2 EL Öl
- 1 Knoblauchzehe
- 600 ml Gemüsebrühe
- 20 g Kürbiskerne
- ½ Bund Petersilie
- Salz
- 1–2 EL Olivenöl
- 30 g Mandelmus
- Pfeffer

1 Die Kartoffeln waschen, schälen und in Würfel schneiden. Den Lauch längs aufschneiden und waschen, die dunkelgrünen Teile entfernen und die hellen Teile klein schneiden.

2 Öl in einem großen Topf erhitzen und den Lauch darin anschwitzen. Die Kartoffeln zugeben, die Knoblauchzehe schälen und dazupressen. Die Gemüsebrühe zugeben und die Suppe zum Kochen bringen. Bei mittlerer Hitze 20 Minuten kochen lassen.

3 In der Zwischenzeit die Kürbiskerne in einer Pfanne ohne Fett rösten, bis sie duften und beiseitestellen. Die Petersilie waschen, trocken tupfen und sehr fein hacken. Mit ½ TL Salz und dem Olivenöl zur Salsa verde verrühren.

4 Mandelmus und 250 ml Wasser gut verrühren und zur Suppe gießen. Die Suppe mit dem Stabmixer glatt pürieren, bei Bedarf noch etwas Wasser zugeben. Die Suppe noch einmal erhitzen und mit Salz und Pfeffer abschmecken. Mit der Salsa verde und den Kürbiskernen garniert servieren.

Urap-Urap – Indonesisches Gemüsegericht mit Kokossambal

an

Den warmen Gemüsesalat Urap-Urap isst man in Indonesien sogar zum Frühstück. Die würzige Kokosmischung schmeckt auch zu anderen Gemüsen, etwa Weißkohl oder Spinat.

Für 2 Personen Zubereitungszeit: **35 Minuten**

- 1 große Möhre
- 250 g grüne Bohnen
- 5 Knoblauchzehen
- 3 Schalotten
- 1 kleine rote Chilischote
- 1 EL Kokos- oder Sonnenblumenöl
- 100 g Kokosraspel
- Salz, Pfeffer
- 1 Kästchen Bohnen-, Rettich- oder Radieschensprossen (50 g)

1 Einen Topf mit Wasser zum Kochen aufstellen. Die Möhre schälen und der Länge nach in feine Scheiben hobeln. Die Bohnen waschen, die Enden abschneiden und die Bohnen in 2 cm lange Stücke schneiden. Die Bohnen 3 Minuten im kochenden Wasser blanchieren, die Möhren zugeben und weitere 3 Minuten kochen. Möhren und Bohnen in ein Sieb abgießen.

2 In der Zwischenzeit Knoblauch und Schalotten schälen und sehr fein hacken. Chilischote waschen, die Samen entfernen und das Fruchtfleisch sehr fein schneiden. Das Öl im Wok oder in einer großen Pfanne erhitzen und Knoblauch, Schalotten und Chilischote darin anbraten.

3 Die Kokosraspeln in den Wok geben, mit Salz und Pfeffer würzen und etwa 50 ml Wasser hinzufügen. Gut umrühren und 2–3 Minuten bei mittlerer Hitze kochen lassen. Die Sprossen waschen, mit Möhrenstreifen und Bohnen in den Wok geben, alles gut verrühren und noch einmal erhitzen.

♥ **TIPP:** *Damit es noch schneller geht, die Kokosmischung gleich in größerer Menge zubereiten und portionsweise einfrieren. So haben Sie sie immer fertig zur Hand.*

Bohnen mit Basilikumtomaten

amb

(im Bild oben)

Für 2 Personen Zubereitungszeit: **25 Minuten**

- 500 g grüne Bohnen
- Salz
- 250 g Tomaten
- 1 kleine Zwiebel
- 1 Knoblauchzehe
- Pfeffer
- 2 TL Weißweinessig
- 2 Zweige Basilikum
- 1 EL Olivenöl

1 Einen Topf Wasser zum Kochen aufstellen. Die Bohnen waschen und die Stielansätze entfernen. Mit 1 TL Salz ins kochende Wasser geben und 10–20 Minuten (je nach Dicke der Bohnen) garen.

2 In der Zwischenzeit die Tomaten waschen, vom Stielansatz befreien und in kleine Würfel schneiden. Die Zwiebel schälen, fein würfeln und mit den Tomaten vermischen. Den Knoblauch schälen und dazupressen. Mit Salz, Pfeffer und Essig würzen.

3 Basilikum waschen, trocken tupfen, die Blätter abzupfen und in feine Streifen schneiden. Tomaten, Bohnen und Basilikum mischen und mit dem Öl beträufelt warm oder kalt servieren.

Gebratener Wirsing mit Sesam

amb

(im Bild unten)

Für 2 Personen Zubereitungszeit: **30 Minuten**

- 250 g Dinkelspaghetti ohne Ei (glutenfreier Ersatz: Reis- oder Maisnudeln)
- Salz
- 3 EL Sesamsamen
- 250 g Wirsing
- 2 Knoblauchzehen
- 3 EL Öl
- 150 ml Gemüsebrühe
- 50 ml veganer Weißwein
- 1 EL Sesam- oder Haselnussöl

1 Einen großen Topf Wasser zum Kochen aufstellen. Die Nudeln mit 1 Prise Salz darin nach Packungsangabe bissfest kochen.

2 In der Zwischenzeit die Sesamsamen in einer kleinen Pfanne ohne Fett leicht rösten. Den Wirsing waschen, Strunk und dicke Rippen entfernen und die Blätter in Stücke zupfen. Den Knoblauch schälen und fein schneiden.

3 Das Öl im Wok oder in einer Bratpfanne erhitzen. Den Wirsing darin 5 Minuten rührbraten. Knoblauch zugeben und weitere 3 Minuten braten. Brühe zugeben und noch einmal erhitzen. Sesamsamen unterrühren, mit Weißwein, Sesam- oder Haselnussöl und Salz abschmecken.

4 Mit den Nudeln vermischt servieren.

Gemüsepfanne wie in Thailand

amb

Eine gute Idee für die schnelle Veganküche:
Gemüse in der Pfanne kurzbraten, während der Reis kocht. Am Ende wird alles gemischt und steht im Handumdrehen auf dem Tisch.

Für 2 Personen Zubereitungszeit: **25 Minuten**

- 175 g weißer oder Vollkorn-Basmati-Reis oder 250 g Reisnudeln
- 1 rote Paprikaschote
- 150 g Zuckerschoten
- 200 g Weißkohl
- 1 Zwiebel
- 100 g Mungobohnensprossen
- ½ Bund Koriandergrün
- 60 ml kräftige Gemüsebrühe
- Salz
- Saft von 1–2 Limetten (60 ml)
- 60 ml Ahornsirup
- 1 kleines Stück Ingwer
- 2 Knoblauchzehen
- ½ getrockente Chilischote
- 3 EL Kokosöl oder High-Oleic-Sonnenblumenöl (siehe Tipp)
- 80 g Erdnusskerne
- 50 g Kokosraspel

1. Reis oder Reisnudeln nach Packungsangabe kochen. Abgießen und warm halten.
2. In der Zwischenzeit Paprika, Zuckerschoten und Weißkohl waschen und putzen. Die Zwiebel schälen. Alles in feine Streifen schneiden. Die Mungobohnensprossen abspülen. Koriandergrün waschen, trocken tupfen und fein schneiden.
3. In einer kleinen Schüssel Gemüsebrühe, Salz, Limettensaft und Ahornsirup verrühren. Ingwer schälen und dazureiben, Knoblauch schälen und dazupressen, Chilischote zerdrücken und zugeben.
4. Das Öl in einer beschichteten Pfanne oder einem Wok erhitzen. Paprika darin 1–2 Minuten anbraten. Die Würzsauce darübergießen und auf die Hälfte einkochen lassen.
5. Zwiebeln, Kohl, Zuckerschoten und Sprossen zugeben. 2–3 Minuten bei starker Hitze unter Rühren anbraten.
6. In einer zweiten Pfanne Erdnüsse und Kokosraspeln ohne Fett kurz rösten.
7. Die Gemüsepfanne auf Reis oder Reisnudeln mit Erdnüssen, Kokosraspel und Koriandergrün bestreut servieren.

TIPPS:

- *Das High-Oleic-Sonnenblumenöl (oder HO-Sonnenblumenöl) eignet sich besonders gut zum Braten. Es ist im Gegensatz zu normalem Sonnenblumenöl stark erhitzbar, weil es einen hohen Anteil einfach ungesättigter Fettsäuren enthält. Für dieses Öl wurden Sonnenblumen gezüchtet, die wenige der (gesunden) mehrfach ungesättigten Fettsäuren enthalten, welche aber beim Erhitzen verbrennen. Das Öl sollte also nur zum Braten und Frittieren eingesetzt werden und nicht für die kalte Küche.*
- *Wer nicht sojafrei essen möchte, verwendet statt 60 ml Gemüsebrühe und Salz zum Würzen 60 ml Sojasauce. Dann bekommt das Gericht noch mehr asiatischen Geschmack.*

Möhrennudeln mit Tomatensauce

dn

Leuchtende Farben – Gemüse voller Sonnenenergie: ein leichtes Schnellgericht mit vielen wertvollen Karotinoiden.

Für 2 Personen Zubereitungszeit: **40 Minuten**

- ½ kleine weiße Zwiebel
- 400 g Cocktailtomaten
- 1 Handvoll frische Basilikumblätter
- 2–3 EL Olivenöl
- 2 EL Tomatenmark
- Salz, Pfeffer
- evtl. 1–2 TL Rohrohrzucker (je nach Süße der Tomaten)
- 1 TL getrockneter Oregano
- 3 dicke Möhren (350 g)

1. Die Zwiebel schälen und fein würfeln. Tomaten waschen, vom Stielansatz befreien und fein hacken. Basilikumblätter waschen, trocken tupfen und hacken, einige Blättchen zum Garnieren aufheben.
2. 1 EL Olivenöl in einer kleinen Pfanne erhitzen, die Zwiebelwürfel bei mittlerer Hitze darin andünsten. Tomatenmark zugeben und kurz unter Rühren mitdünsten. Die Tomatenstückchen zugeben und mit Salz, Pfeffer, eventuell Zucker und Oregano würzen. Die Sauce bei schwacher Hitze etwa 7 Minuten kochen lassen. Gehackte Basilikumblätter unterrühren.
3. Während die Sauce kocht, die Möhren putzen, schälen und mit einem Sparschäler der Länge nach zu dünnen Bandnudeln schneiden. Restliches Olivenöl in einer Pfanne erhitzen und die Möhrenstreifen darin unter Rühren bei mittlerer Hitze in etwa 7 Minuten bissfest garen.
4. Die Möhrennudeln in tiefe Teller geben, die Sauce darüber verteilen und das Gericht und mit frischem Basilikum garniert servieren.

Rote-Bete-Spaghetti mit Orangensauce

dn

Sieht verblüffend aus, geht ganz einfach und schmeckt sterneverdächtig: erdige Rote Bete in dünnen Spiralen, kombiniert mit der sanften Zitrusnote von Orangen.

Für 2 Personen Zubereitungszeit: **25 Minuten**

1 kg möglichst große Rote Bete
Salz
1 EL Olivenöl
Saft von 2 Orangen
1 EL frisch geriebener Meerrettich
60 g Cashewmus
Pfeffer
etwa 1 TL Zitronensaft

1. Einen Topf Wasser zum Kochen aufstellen. Die Roten Beten schälen und mit dem Spiralschneider zu „Spaghetti“ verarbeiten. Das Wasser salzen und die Roten Beten darin in etwa 3 Minuten bissfest blanchieren. Durch ein Sieb abgießen.
2. Olivenöl in einer großen Pfanne erhitzen, die blanchierten „Spaghetti“ etwa 2 Minuten scharf anbraten, dann bei mittlerer Hitze etwa 5 Minuten weiterbraten.
3. Für die Sauce Orangensaft, Meerrettich und Cashewmus mit dem Stabmixer schaumig aufschlagen. In einen Topf geben, erhitzen und mit Salz, Pfeffer und Zitronensaft abschmecken.
4. Die gebratenen Rote-Bete-Spaghetti auf Teller verteilen und die Sauce darübergießen.

TIPP: *Wenn Sie keinen Spiralschneider haben, können Sie die Roten Beten mit dem Sparschäler in breite „Bandnudeln“ schneiden oder mit einem scharfen Messer in dünne Stäbchen.*

Pasta Avocado

hs

(im Bild oben)

Für 2 Personen Zubereitungszeit: **20 Minuten**

200 g Soba-Nudeln (japanische Buchweizennudeln)
Salz
1 Knoblauchzehe
1 große, reife Avocado
½–1 Bund Petersilie
1–2 EL Zitronensaft
2 TL Olivenöl
1 Msp. Pfeffer

1 Die Nudeln nach Packungsangabe in Salzwasser garen.
2 In der Zwischenzeit den Knoblauch schälen. Die Avocado halbieren, den Kern entfernen und das Fruchtfleisch auslösen. Petersilie waschen, trocken tupfen und einige Blättchen beiseitelegen. Den Rest grob hacken. Alles mit Zitronensaft (nach Belieben mit dem Fruchtfleisch der Zitrone), Olivenöl, Pfeffer und etwas Salz pürieren.
3 Die Nudeln abgießen und kurz abtropfen lassen. Mit der Avocadocreme mischen und mit Petersilienblättchen garniert servieren.

♥ **TIPP:** *Wenn die Zeit reicht, die Pasta noch mit kurz angerösteten Sonnenblumen- und/oder Kürbiskernen bestreut servieren.*

Rohe Zucchini-Linguine mit Pesto

an

(im Bild unten)

Für 2 Personen Zubereitungszeit: **30 Minuten**

2–3 möglichst dünne Zucchini (350 g)
½ TL Salz

Für das Pesto:
4 Knoblauchzehen
1 großes Bund Basilikum
70 ml Olivenöl
2 EL Zitronensaft
3 EL Pinienkerne
2 EL geschälte Mandeln
Salz

1 Die Zucchini waschen und die Enden abschneiden. Die Zucchini mit dem Gemüsehobel oder dem Sparschäler der Länge nach in hauchdünne Scheiben schneiden. Die Scheiben auf einen großen Teller legen, mit dem Salz bestreuen und das Ganze mit den Händen vermischen. Die Zucchini ruhen lassen und die Flüssigkeit laufend abgießen.
2 Knoblauch schälen, Basilikum waschen, dabei einige Blättchen zum Garnieren beiseitelegen. Basilikum, Knoblauch, Olivenöl, Zitronensaft, 2 EL Pinienkerne, Mandeln und ½ TL Salz pürieren.
3 Zucchini abtropfen lassen und evtl. unter fließendem kaltem Wasser abspülen, um ihnen das Salz zu entziehen, dann trocken tupfen. Zucchini mit dem Pesto mischen, mit Basilikumblättchen und Pinienkernen bestreut servieren.

Gratinierter Gemüsetoast

wb

Schneller Imbiss – schmeckt auch auf Polentascheiben statt Dinkeltoast!

Für 2 Personen Zubereitungszeit: **30 Minuten**

- je 50 g Champignons, Zucchini, rote Spitzpaprika, Zwiebeln
- 30 g Mais (Dose)
- 3 EL vegane Margarine
- 1 Prise Kräutersalz
- 4 Scheiben Dinkeltoastbrot (glutenfreier Ersatz: Reiswaffeln)
- 1 Knoblauchzehe oder ½ TL Knoblauchpulver
- 50 g Cashewkerne
- ½ TL Gemüsebrühpulver oder -paste
- ½ TL Gewürzhefeflocken

1. Champignons putzen, mit Küchenpapier abreiben. Zucchini und Paprika waschen und putzen. Zwiebel schälen und alles in kleine Würfel schneiden. Den Mais in einem Sieb abtropfen lassen.
2. 2 EL Margarine in einem Topf erhitzen und die Zwiebeln darin bei mittlerer Hitze glasig dünsten. Champignons und Zucchini zugeben und 5 Minuten mitdünsten. Kräutersalz, Paprika und Mais zugeben und bei schwacher Hitze 3 Minuten dünsten. Die Herdplatte abschalten und den Topf zudecken.
3. Den Backofen auf 180 °C schalten. Die Toastbrotscheiben mit der restlichen Margarine bestreichen, auf ein Backblech setzen und 2–3 Minuten im Backofen toasen.
4. In der Zwischenzeit den Knoblauch schälen und mit Cashewkernen, Gemüsebrühpulver und Hefeflocken im Blitzhacker zerkleinern. Etwa 100 ml heißes Wasser zugeben und die Mischung etwa 1 Minute lang auf der höchsten Stufe kräftig cremig mixen.
5. Den Cashewkäse mit dem Gemüse vermischen, mit Kräutersalz abschmecken und bei mittlerer Hitze unter ständigem Rühren kurz aufkochen, bis der „Käse“ eingedickt ist. Die Mischung auf die Toastscheiben streichen und im Backofen in 10–15 Minuten goldgelb überbacken.

♥ **TIPP:** *Mit grünem oder gemischtem Blattsalat servieren.*

an

Walnuss-„Couscous“ mit Frühlingsgemüse

Die Walnuss-Streusel sehen aus wie Couscous. Sie machen das knackige Wok-Gemüse zu einer fein ausgewogenen kleinen Mahlzeit.

Für 2 Personen Zubereitungszeit: **40 Minuten**

Für den „Couscous“:

90 g Walnusskerne

1 knapper EL Backpulver (5 g)

1 EL Olivenöl

Salz, Pfeffer

Für das Gemüse:

80 g Kichererbsen (Dose)

1 Möhre (100 g)

1 Knoblauchzehe

1 Schalotte

200 g grüner Spargel oder grüne Bohnen

1 EL Kokos- oder Olivenöl

Salz, Pfeffer

Zum Servieren:

100 g Feldsalat oder junger Spinat

2–3 EL vegane Mayonnaise (gekauft oder selbst gemacht, siehe Tipp)

1 Für den „Couscous“ die Walnusskerne mit Backpulver, Olivenöl, etwas Salz und Pfeffer im Blitzhacker oder mit einem schweren Messer relativ fein hacken.

2 Für das Gemüse die Kichererbsen abgießen, abspülen und abtropfen lassen. Die Möhre schälen und fein würfeln. Knoblauch und Schalotte schälen und fein hacken. Spargel waschen und die holzigen Enden abschneiden, wenn nötig, das untere Drittel der Stangen schälen. Spargel in 2 cm große Stücke schneiden.

3 Das Öl bei mittlerer Hitze im Wok oder einer Pfanne erhitzen und die Möhre mit Knoblauch und Schalotte darin goldgelb anschwitzen. Spargel zugeben und das Gemüse weitere 3 Minuten unter Rühren braten.

4 In der Zwischenzeit den Feldsalat gründlich waschen. Die Kichererbsen zum Gemüse geben und alles 20 Minuten unter Rühren gar braten (das Gemüse sollte heiß und durchgegart, aber noch etwas bissfest sein).

5 Das Gemüse mit dem „Couscous“ und der Mayonnaise mischen und mit Salz und Pfeffer abschmecken. Das Gericht auf dem Feldsalat anrichten oder den Salat getrennt reichen.

TIPPS:

- *Für selbst gemachte Cashewmayonnaise 100 g Cashewkerne in einer Tasse mit Wasser bedecken und 12–24 Stunden einweichen. Dann die Kerne abspülen und mit je 1 EL Olivenöl und Zitronensaft, 1 TL Apfelessig, 1 Prise Salz und 25 ml kaltem Wasser zu einer cremigen Sauce pürieren. Ist die Mayonnaise zu dick, noch etwas Wasser hinzufügen. In ein Schraubglas füllen und im Kühlschrank aufbewahren.*
- *Um sich das Einweichen zu ersparen, können Sie auch fertiges Cashewmus (Bioladen) verwenden und mit Olivenöl, Zitronensaft, Essig und Salz in eine vegane Mayonnaise verwandeln.*

Einfach zum Sattessen

Wohlfühlessen vegan: Soba- und Reisnudeln, Risotti mit Pilzen, mit Feldsalat oder Kräutern, sahnige Gemüsecurrys, vegane Paella und deftiges Kartoffelgulasch. Macht alle satt und steht im Handumdrehen auf dem Tisch.

dn

Reisnudeln mit Gemüse und Kokossauce

Nudeln mit Sauce gehen immer! Die Asienküche bietet hier glutenfreie Varianten, die außerdem superschnell gar sind.

Für 2 Personen Zubereitungszeit: **20 Minuten**

250 g Reisnudeln oder andere asiatische Nudeln

Salz

Für die Kokossauce:

1 Stück frische rote Chilischote (etwa 2 cm)

200 ml Kokosmilch

abgeriebene Schale und 1 EL Saft von ½ Limette

4 EL helle Sojasauce (ersatzweise etwas Salz)

½ Stängel Zitronengras (ersatzweise 1 TL Zitronengraspulver)

2 EL Kokoschips zum Garnieren nach Belieben

Für das Gemüse:

2 Möhren

je 1 rote und 1 gelbe Paprikaschote (zusammen etwa 250 g)

150 g Champignons

2 EL Kokosöl

Salz

1 Für die Kokossauce die Chilischote entkernen und gut auswaschen, in dünne Ringe schneiden. Alle Zutaten für die Sauce in einen Topf geben, 10 Minuten bei schwacher Hitze kochen lassen und abschmecken. Warm stellen.

2 In der Zwischenzeit einen Topf Wasser für die Nudeln zum Kochen aufstellen. Die Möhren schälen und in feine Streifen schneiden. Die Paprikaschoten waschen, halbieren und entkernen. In schmale Streifen schneiden. Champignons putzen und in dünne Scheiben schneiden. Die Nudeln mit ½ TL Salz im kochenden Wasser nach Packungsangabe kochen.

3 Kokosöl in einer Pfanne erhitzen und das Gemüse kurz und knackig etwa 7 Minuten anbraten, dabei ab und zu wenden. Das Gemüse salzen.

4 Die Nudeln abgießen und abtropfen lassen. In tiefen Tellern anrichten, das Gemüse darauf verteilen, nach Belieben mit Kokoschips bestreuen und mit der Kokossauce servieren.

Soba-Nudeln mit Gemüse und Erdnüssen

an

Soba heißt „Buchweizen", und die Nudeln daraus gehören in Japan zur Alltagsküche. Beim Einkauf darauf achten, dass kein Weizenmehl untergemischt ist!

Für 2 Personen Zubereitungszeit: **20 Minuten**

150 g Soba-, Buchweizen- oder Reisnudeln

100 g Shiitake-Pilze

1 kleine Aubergine (200 g)

2–3 EL Kokosöl

½ große oder 1 kleine rote Paprikaschote (100 g)

2 Schalotten

1 EL Tamari (glutenfreie Sojasauce) oder etwas Salz

Für die Sauce:

1 EL Erdnusscreme

1 EL Sesamöl

1 TL Tamari oder etwas Salz

1½ TL Genmai-Su-Reisessig oder Zitronensaft

Zum Garnieren:

1 EL Erdnüsse oder Sesamsamen

2 Frühlingszwiebeln (nur das Grün)

1. Nudeln nach Packungsangabe in kochendem Wasser garen und sofort unter fließendem kaltem Wasser abschrecken, damit sie nicht zusammenkleben.
2. Pilze mit einer weichen Bürste säubern und vierteln. Aubergine waschen, in 1 cm dicke Scheiben schneiden und diese vierteln.
3. Kokosöl bei mittlerer Hitze im Wok oder einer Pfanne erhitzen. Pilze und Auberginen darin 2–3 Minuten anbraten.
4. Während die Pilze braten, die Paprikaschote waschen und halbieren. Samen und Häutchen entfernen und das Fruchtfleisch in kleine Würfel schneiden. Die Schalotten schälen und in feine Ringe schneiden. Beides zum Gemüse in den Wok geben und etwa 5 Minuten anbraten. Das Gemüse mit Tamari oder Salz würzen.
5. Die Zutaten für die Sauce in einer Schüssel verrühren und so viel Wasser hinzufügen, dass die Sauce die Konsistenz einer Vinaigrette bekommt. Die Erdnüsse hacken. Das Frühlingszwiebelgrün waschen und in Ringe schneiden.
6. Die Nudeln mit einem Teil der Sauce mischen und in der Mitte einer Platte anrichten. Das Gemüse rundherum verteilen und mit der restlichen Sauce beträufeln. Mit den gehackten Erdnüssen oder Sesamsamen und den Frühlingszwiebelringen bestreuen.

♥ **TIPP:** *Eventuelle Reste des Gerichts mit Salatblättern und Soja- oder Alfalfasprossen zu Röllchen verarbeiten: Die mit dem Gemüse gemischten Nudeln auf ausgebreitete größere Salatblätter verteilen. Ein paar Sprossen und gehackte Erdnüsse darüberstreuen und die Salatblätter aufrollen. Eine Erdnuss- oder Chilisauce (fertig gekauft) zum Dippen dazu reichen.*

Käsenudeln wb

Ein Teller Nudeln mit pikantem Vegan-Käse aus Gemüsen und Gewürzen – das ist wahres Seelenfutter!

Für 2 Personen Zubereitungszeit: **25 Minuten**

- 1 Stück Hokkaido-Kürbis (20 g)
- 80 g mehligkochende Kartoffeln
- 1 Stück Zwiebel (20 g)
- 1 Stück Möhre (10 g)
- Meersalz
- ½ TL Zitronensaft
- 250 g glutenfreie kurze Nudeln (z. B. Penne: Reis- oder Maispenne)
- 30 g Cashewkerne
- 40 g Margarine
- etwa 1 EL geschälte Mandeln (10 g)
- ½ TL Gewürzhefeflocken
- ½ TL Gemüsebrühpulver
- 1 Msp. Cayennepfeffer
- 1 Msp. Kurkuma
- 1 Knoblauchzehe
- ½ TL Dijon-Senf
- 2 EL gehackte Petersilie zum Servieren

1 Für die Nudeln einen großen Topf Wasser zum Kochen aufstellen. Kürbis von Kernen und Fasern befreien, Kartoffeln und Zwiebel schälen, Möhre waschen. Alles in kleine Würfel schneiden und in einem Topf mit 130 ml Wasser und 1 TL Salz in etwa 10 Minuten weich kochen.

2 Das Nudelwasser salzen und die Nudeln darin nach Packungsangabe bissfest kochen.

3 In der Zwischenzeit Cashewkerne mit Margarine, Mandeln, Hefeflocken, Gemüsebrühpulver, Cayennepfeffer und Kurkuma zerkleinern. Knoblauchzehe schälen und dazupressen. Gekochtes Gemüse und Senf zugeben und cremig pürieren.

4 Die Käsesauce in einen beschichteten Topf geben, abschmecken und unter ständigem Rühren kurz aufkochen, eventuell noch etwas Wasser zugeben. Die Nudeln untermischen. Heiß mit Petersilie bestreut servieren.

Einkornrisotto mit Kräutern

dn

(im Bild oben)

Für 2 Personen Zubereitungszeit: **30 Minuten**

- 1 kleine Schalotte
- 1 EL vegane Margarine
- 120 g poliertes Einkorn (auch als Perl-Einkorn im Handel; ersatzweise Dinkelreis)
- 250 ml Gemüsebrühe
- 30 g frische Kräuter der Saison (z. B. Bärlauch, Brennnesseln, Petersilie)
- 75 ml vegane Sahne (z. B. Hafersahne)
- Salz, Pfeffer

1. Schalotte schälen und fein hacken. Die vegane Margarine in einem Topf erwärmen und die Schalottenwürfel darin anschwitzen. Einkorn dazugeben und unter Rühren kurz mitdünsten, mit Gemüsebrühe auffüllen und unter ständigem Rühren 10–15 Minuten schwach kochen lassen.
2. In der Zwischenzeit die Kräuter verlesen, waschen, trocken tupfen und klein schneiden. Dabei einige Blättchen zum Garnieren beiseitelegen. Die Kräuter zusammen mit der Sahne fein pürieren. Die Kräutersauce unter das Einkornrisotto rühren. Das Risotto weitere 7 Minuten leise kochen lassen, bis das Einkorn bissfest ist. Bei Bedarf etwas Brühe zugeben.
3. Risotto mit Salz und Pfeffer abschmecken und mit Kräuterblättern garniert servieren.

Graupenrisotto mit Tomaten

dn

(im Bild unten)

Für 2 Personen Zubereitungszeit: **30 Minuten**

- 500 ml Gemüsebrühe
- 150 g Graupen
- 2 EL Olivenöl
- 2 EL veganer trockener Weißwein
- 1 EL Sonnenblumenkerne
- 200 g Kirschtomaten
- 1 Zweig Basilikum
- Salz, Pfeffer

1. Gemüsebrühe erhitzen und warm halten. Graupen in ein Sieb geben und unter fließendem kaltem Wasser gut abspülen.
2. Olivenöl in einem Topf erhitzen und die Graupen unter Rühren darin andünsten. Mit Weißwein ablöschen, die Gemüsebrühe zugießen und die Graupen bei schwacher Hitze in 15–20 Minuten ausquellen lassen.
3. In der Zwischenzeit die Sonnenblumenkerne in einer Pfanne ohne Fett goldgelb rösten. Die Kirschtomaten waschen, vierteln und in den letzten 5 Minuten der Garzeit zum Risotto geben. Basilikumblätter abzupfen, waschen, trocken tupfen und in Streifen schneiden.
4. Das Risotto mit Salz und Pfeffer abschmecken. Sonnenblumenkerne und Basilikum unterrühren und servieren.

Dinkelreis mit jungen Möhren

dn

Dinkelreis ist die gesunde einheimische Variante zu Risottoreis: leicht geschliffene Dinkelkörner mit viel Eiweiß und Mineralstoffen.

Für 2 Personen Zubereitungszeit: **30 Minuten**

- 1 kleine weiße Zwiebel
- 100 g Zucchini
- je 1 Stängel frische Petersilie und Thymian
- etwa 300 ml Gemüsebrühe
- 1–2 EL Olivenöl
- 150 g Dinkelreis (polierter Dinkel; auch als Kochdinkel im Handel)
- 1 Msp. Kurkuma
- Salz, Pfeffer
- 10 junge Möhren mit Grün
- 1 TL Apfeldicksaft
- Salz

1. Zwiebel schälen und fein würfeln. Zucchini waschen, putzen und fein würfeln.
2. Petersilie und Thymian waschen, trocken tupfen und fein hacken. Gemüsebrühe in einem kleinen Topf erhitzen.
3. Olivenöl in einem Topf erhitzen und die Zwiebelwürfel darin andünsten. Dinkelreis zugeben und andünsten. Kurkuma zugeben, unter Rühren kurz mitrösten und mit der Brühe aufgießen. Den Dinkel bei schwacher Hitze zugedeckt in 20 Minuten bissfest garen. Zucchiniwürfel, Salz und Pfeffer zugeben und 5 Minuten ziehen lassen. Den Dinkelreis mit den gehackten Kräutern abschmecken.
4. Während der Dinkel gart, die Möhren schälen. Ein wenig von dem zarten Grün waschen, trocken tupfen und fein hacken.
5. In einer Pfanne etwas Wasser erhitzen, den Dicksaft zufügen und die Möhren darin in 10 Minuten bissfest dünsten. Salzen und mit dem gehackten Grün bestreut auf dem Dinkelreis servieren.

Feldsalatrisotto

dn

Wer Feldsalat bisher nur roh verzehrt hat, erlebt ein kleines Geschmackswunder: Das ganz leicht bittere Aroma verbindet sich hervorragend mit dem milden Reis.

Für 2 Personen Zubereitungszeit: **35 Minuten**

2 kleine Schalotten
50 g Feldsalat
etwa 400 ml Gemüsebrühe
2–3 EL Olivenöl
50 ml vegane Sahne (z. B. Hafersahne)
Salz
100 g Risottoreis (z. B. Carnaroli)
2 EL veganer trockener Weißwein
Pfeffer

1 Schalotten schälen und fein würfeln. Feldsalat waschen und abtropfen lassen. Die Gemüsebrühe in einem Topf erhitzen und warm halten.

2 In einer Pfanne 1 EL Olivenöl erhitzen, die Hälfte der Schalotten andünsten und den Feldsalat zufügen. Kurz schwenken, vegane Sahne zufügen und salzen. Beiseitestellen.

3 In einem Topf 1 EL Olivenöl erhitzen, die restlichen Schalottenwürfel andünsten, Reis zufügen und bei mittlerer Hitze unter Rühren glasig dünsten. Mit dem Weißwein ablöschen und rühren, bis die Flüssigkeit fast ganz aufgenommen ist. Mit einer großen Kelle Gemüsebrühe aufgießen. Flüssigkeit unter ständigem Rühren einkochen lassen, dann erneut Brühe angießen, bis der Reis bissfest ist.

4 Die Feldsalatmasse einrühren und mit Salz und Pfeffer abschmecken. Zuletzt das restliche Olivenöl unter kräftigem Rühren untermischen und das Risotto neben dem Herd 3 Minuten ruhen lassen. Auf tiefen Tellern anrichten.

TIPP: *Im Herbst ist der längliche Radicchio aus Treviso – in breite Streifen geschnitten – eine köstliche Alternative zum Feldsalat, im Frühling eignen sich frische Brennnesseln oder Bärlauch.*

Grünkernrisotto

wb

Beim Grünkern, halbreif geerntetem Dinkel, wird durch Darren das Klebereiweiß, also das Gluten, zerstört. Deshalb ist das würzige Korn so gut verträglich.

Für 2 Personen Zubereitungszeit: **35 Minuten**

50 g Zucchini

je etwa 50 g rote und gelbe Paprikaschote

2 EL Rapsöl

180 g Grünkernschrot (mittelfein)

400 ml Pizzatomaten (Dose)

1 Lorbeerblatt

Himalaya-Salz

schwarzer Pfeffer

2 Stängel Basilikum

50 g Cashewkerne

1 TL Gemüsebrühpaste oder -pulver

1 EL Ahornsirup

1 Zucchini und Paprikaschoten waschen, putzen und in kleine Würfel schneiden. Öl in einem Topf erhitzen. Das Gemüse darin kurz anbraten. Grünkernschrot einstreuen und kurz mitdünsten. Pizzatomaten, Lorbeerblatt und 125 ml Wasser zufügen, mit Salz und Pfeffer würzen.

2 Einmal aufkochen, die Hitze reduzieren und das Risotto zugedeckt 8–10 Minuten schwach kochen lassen, bis der Grünkernschrot gar ist. Dabei ab und zu umrühren und bei Bedarf Wasser (etwa 100 ml) nachgießen. Das Lorbeerblatt entfernen.

3 Die Basilikumblätter abzupfen, waschen und in dünne Streifen schneiden. Die Cashewkerne zerkleinern.

4 Die Flüssigkeit des Grünkernrisottos abgießen und bei Bedarf mit Wasser auf etwa 200 ml ergänzen. Mit den Cashews und der Gemüsebrühepaste auf der höchsten Stufe kräftig durchmixen.

5 Die Cashewsahne mit dem Risotto vermischen und nochmals kurz aufkochen. Bei Bedarf etwas Wasser nachgießen. Risotto mit Salz und Pfeffer abschmecken. Zum Servieren mit Basilikum garnieren.

Curryreis mit Nüssen und Rosinen

amb

Süßsauer und mit Biss – der Curryreis erinnert an orientalische und indische Gerichte.

Für 2 Personen Zubereitungszeit: **35 Minuten**

- 30 g Nüsse (z. B. Haselnuss- oder Walnusskerne oder gemischt)
- 1 Zwiebel
- 2 EL Kokosöl
- 2 TL Currypulver
- 180 g Vollkorn-Basmati-Reis
- 1–2 EL Zitronensaft oder Weißwein
- 1 TL Paprikapulver, edelsüß
- 1 süßer Apfel
- 40 g Rosinen
- eventuell etwas Salz

1 Die Nüsse fein hacken und ohne Fett in einer beschichteten Pfanne rösten. Die Zwiebel schälen, fein hacken und im Kokosöl in 1–2 Minuten glasig dünsten.

2 Currypulver dazugeben und kurz aufschäumen lassen. Reis zugeben und unter ständigem Rühren einige Minuten anbraten. Zitronensaft oder Weißwein und Paprikapulver zugeben. Mit etwa 500 ml heißem Wasser aufgießen, bis der Reis gut bedeckt ist. Bei mittlerer Hitze etwa 25 Minuten kochen lassen. Bei Bedarf noch etwas Wasser nachgießen.

3 Während der Reis beginnt zu kochen, den Apfel waschen, abtrocknen und nach Belieben schälen. Kerngehäuse und Stielansatz entfernen und das Fruchtfleisch in kleine Würfel schneiden. Sobald der Reis etwa 10 Minuten gekocht hat, Apfelwürfel, Rosinen und Nüsse zum Reis geben und mitkochen, bis der Reis gar ist. Nach Belieben mit Salz abschmecken und servieren.

TIPPS:

- *Noch schneller geht es, wenn man weißen Basmati-Reis verwendet. Er braucht nur 10–15 Minuten Garzeit.*
- *Entweder solo oder mit Salat oder Gemüse servieren.*
- *Wenn vom Curryreis etwas übrigbleibt, kann man ihn am nächsten Tag kalt als Reissalat essen.*

Vegaella – Vegane Paella

amb

Verwenden Sie für die Paella Safranfäden – gemahlener Safran färbt zwar stärker, wird aber oft mit anderen Gewürzen gestreckt.

Für 2 Personen Zubereitungszeit: **35 Minuten**

- 125 g Champignons
- 3 kleine Tomaten (etwa 150 g)
- 80 g grüne Bohnen
- 1 rote Peperoni
- 1 Chilischote nach Belieben
- 300–400 ml Gemüsebrühe
- 1 Zwiebel
- 2 Knoblauchzehen
- 2–3 EL Öl
- 3 TL Paprikapulver, rosenscharf
- 125 g Langkornreis
- 40 g TK-Erbsen
- einige Safranfäden
- 30 g Cashewkerne
- 40 g grüne Oliven ohne Stein
- Salz, Pfeffer
- 2 EL gehackte Petersilie

1 Pilze säubern und vierteln. Tomaten waschen, vom Stielansatz befreien und in Würfel schneiden. Bohnen waschen, putzen und in mundgerechte Stücke schneiden. Peperoni und nach Belieben Chilischote waschen und in feine Ringe schneiden. Die Gemüsebrühe erhitzen.

2 Zwiebel und Knoblauch schälen und fein hacken. Das Öl in einer Pfanne erhitzen und Zwiebel und Knoblauch darin hellbraun anbraten. Die Pilze dazugeben. Mit Paprikapulver würzen und etwa 3 Minuten anbraten.

3 Reis, Tomaten, Bohnen, Erbsen, Peperoni und Chilischote zugeben. Safranfäden darüberstreuen und die heiße Gemüsebrühe angießen. Alles gut mischen und etwa 20 Minuten (je nach Angabe auf der Reispackung) unter gelegentlichem Umrühren schwach kochen lassen.

4 In der Zwischenzeit die Cashewkerne in einer beschichteten Pfanne ohne Fett rösten. Die Oliven klein schneiden.

5 Die Paella mit Salz und Pfeffer abschmecken. Oliven unterrühren und die Paella mit gerösteten Cashewkernen und gehackter Petersilie bestreut servieren.

❤ **TIPP:** *Kalt geht die Paella als Reissalat durch und eignet sich hervorragend für unterwegs.*

Herbstreispfanne

amb

Gemüse garen, während der Reis kocht, dann alles mischen und mit Nüssen bestreuen: Das Grundrezept lässt sich immer wieder variieren.

Für 2 Personen Zubereitungszeit: **30 Minuten**

1 rote Zwiebel
300 g Hokkaido-Kürbis
je ½ rote und ½ gelbe Paprikaschote
½ Stange Lauch (ca. 60g)
1 EL Kokosöl
1 Stück Ingwer (etwa 1 cm)
3 EL kräftige Gemüsebrühe
Salz
1 Msp. Cayennepfeffer
3 TL Kurkuma
150–200 ml Reisdrink
150 g Langkornreis oder Vollkorn-Basmati-Reis
30 g Walnusskerne
1 EL gehacktes Koriandergrün

1 Zwiebel schälen und fein hacken. Kürbis waschen, von Kernen und Fasern befreien und das Fruchtfleisch in 1 cm große Würfel schneiden. Paprikaschoten waschen, putzen und in Würfel schneiden. Lauch der Länge nach aufschneiden, waschen und in Halbringe schneiden.

2 Kokosöl in einem Wok oder einer Pfanne erhitzen und die Zwiebel anschwitzen. Den Ingwer ungeschält dazureiben und etwas mitdünsten. Das vorbereitete Gemüse dazugeben und kurz rührbraten. Mit Gemüsebrühe, Salz, Cayennepfeffer und Kurkuma würzen. Den Reisdrink dazugießen und 15 Minuten schwach kochen lassen, bis die Kürbisstücke gar sind.

3 In der Zwischenzeit den Reis nach Packungsangabe kochen.

4 Die Walnusskerne grob hacken und in einer Pfanne ohne Fett kurz rösten. Das Koriandergrün mit dem Reis unter das Gemüse mischen. Die Reispfanne mit den Walnusskernen bestreut servieren.

Kürbis-Maronen-Reis

hs

So einfach und so gut: Die Kombination von Esskastanien mit Kürbis und Thymian ist unschlagbar!

Für 2 Personen Zubereitungszeit: **30–40 Minuten**

200 g Hokkaido-Kürbis
1–2 Schalotten
1–2 Zweige Thymian
2 EL Olivenöl
200 g Risotto- oder Langkornreis
50 ml veganer Weißwein
etwa 500 ml (bei Risottoreis) oder 400 ml (bei Langkornreis) Gemüsebrühe
1–2 TL Salz
150 g Esskastanien (vorgekocht, TK oder vakuumiert)

1 Den Kürbis waschen, Kerne und Fasern entfernen, den Kürbis in 1–1,5 cm große Würfel schneiden. Die Schalotten schälen und fein würfeln. Thymian waschen, trocken tupfen und die Blättchen abstreifen.

2 Das Öl in einem Topf erhitzen und die Schalotten darin anschwitzen. Reis zugeben und unter Rühren glasig schwitzen. Kürbis und Thymian zugeben, dabei einige Blättchen zum Garnieren zurückbehalten. 2–3 Minuten unter Rühren mit anbraten. Mit dem Weißwein ablöschen und etwa ein Drittel der Gemüsebrühe zugeben. Dabei ab und zu umrühren. Sobald der Reis die Brühe aufgesogen hat, ein weiteres Drittel und schließlich den Rest zugeben. Die Reiskörner sollen gar sein, aber noch Biss haben. Langkornreis braucht etwa 20 Minuten, Risottoreis etwa 30 Minuten.

3 In der Zwischenzeit die Kastanien grob würfeln. Das Risotto salzen, die Kastanien unterheben und das Risotto mit Thymian bestreut servieren.

♥ **TIPP:** *Statt mit Kürbis kann man das Maronen-Risotto auch gut mit Wirsing, Lauch, Rosenkohl oder Brokkoli oder mit einer Mischung aus zwei oder drei dieser Gemüsesorten zubereiten.*

Winterlicher Kartoffeleintopf

dn

Deftige Wintergemüse wärmen den Magen und die Seele und liefern ganz nebenbei viele Vitamine.

Für 2 Personen Zubereitungszeit: **40 Minuten**

- 1 kleine Zwiebel
- ½ Stange Lauch
- 250 g Steckrüben
- 1 Petersilienwurzel
- 1 Möhre
- 2 Kartoffeln
- 2 EL Rapsöl
- 1 Zweig Majoran
- 700 ml Gemüsebrühe
- 1 Frühlingszwiebel
- 2–3 getrocknete Tomaten (in Öl)
- 1 EL Olivenöl
- abgeriebene Schale von ½ Orange
- 1 Msp. geriebene Muskatnuss
- Salz, Pfeffer
- 100 g vegane Sahne (z. B. Hafersahne)

1. Die Zwiebel schälen und in feine Würfel schneiden. Lauch waschen und den weißen bis hellgrünen Teil in mundgerechte Stücke schneiden. Steckrüben, Petersilienwurzel, Möhre und Kartoffeln schälen und klein schneiden.
2. In einem großen Topf das Rapsöl erhitzen. Zwiebel, Lauch und Majoran darin andünsten. Das Gemüse dazugeben und etwa 3 Minuten unter Rühren anbraten. Mit der Gemüsebrühe auffüllen und bei mittlerer Hitze etwa 20 Minuten kochen lassen.
3. In der Zwischenzeit die Frühlingszwiebel in feine Ringe schneiden. Die Tomaten auf Küchenpapier abtropfen lassen und klein hacken. In einer kleinen beschichteten Pfanne das Olivenöl erhitzen und die Frühlingszwiebel mit den Tomaten und der Orangenschale darin bei mittlerer Hitze 1–2 Minuten durchschwenken.
4. Den Majoranzweig aus der Suppe entfernen und den Eintopf mit Muskatnuss, Salz und Pfeffer abschmecken. Sahne einrühren und noch einmal aufkochen lassen.
5. Auf tiefe Teller verteilen und mit der Tomaten-Frühlingszwiebel-Mischung bestreut servieren.

Gemüsecurry

wb

Bunte Gemüse vertragen sich hervorragend mit einer Knoblauch-Ingwer-Kokosmilch-Sauce, die Banane bringt fruchtige Süße in das Curry.

Für 2 Personen Zubereitungszeit: **40 Minuten**

- 350 g Süßkartoffeln
- 350 g Brokkoli
- 2½ TL Gemüsebrühpulver oder -paste
- 200 g Zucchini
- 300 g rote Paprikaschoten
- 1 Knoblauchzehe
- 1 mittelgroße Zwiebel
- 1 Stück Ingwer (etwa 20 g)
- 1 reife Banane
- 2 EL Mandelblättchen
- 2 EL Rapsöl
- 3 EL Dinkelmehl (Type 630) (glutenfreier Ersatz: Reismehl)
- 2 TL Currypulver
- 400 ml Kokosmilch
- Kräutersalz, weißer Pfeffer

1 Süßkartoffeln schälen, waschen und würfeln. Brokkoli waschen und in kleine Röschen teilen. 100 ml Wasser mit ½ TL Gemüsebrühpulver erhitzen. Die Kartoffeln darin etwa 6 Minuten dünsten, nach 3 Minuten die Brokkoliröschen hinzufügen. Das Gemüse in ein Sieb abgießen und beiseitestellen.

2 Zucchini und Paprikaschoten waschen und putzen. Zucchini in Scheiben, Paprika in Streifen schneiden. Knoblauch und Zwiebel schälen und fein würfeln. Ingwer schälen und fein hacken oder reiben. Die Banane schälen und auf einem Teller mit der Gabel zerdrücken.

3 Die Mandelblättchen in einer beschichteten Pfanne ohne Fett in 2–3 Minuten goldbraun rösten.

4 Das Öl in einem Topf erhitzen, die Zwiebeln darin 1 Minute andünsten. Paprika und Zucchini dazugeben und unter Wenden 2–3 Minuten bei mittlerer Hitze dünsten.

5 Knoblauch und Ingwer zufügen. Mehl und Currypulver darüberstäuben und unter Rühren anschwitzen. Die zerdrückte Banane, 375 ml Wasser, Kokosmilch und 2 TL Gemüsebrühpulver einrühren. Süßkartoffeln und Brokkoli zugeben und unter sanftem Rühren einmal kurz aufkochen.

6 Mit Kräutersalz und Pfeffer abschmecken und auf tiefen Tellern anrichten. Die gerösteten Mandelblätter darüberstreuen. Das Curry mit Kräutersalz und Pfeffer abschmecken.

hs

Lauch-Dattel-Curry mit Süßkartoffelpüree

Die Kombination aus grünem Lauch und leuchtend orangegelbem Püree erfreut nicht nur den Gaumen: Das Auge isst mit!

Für 2 Personen Zubereitungszeit: **40 Minuten**

Für das Süßkartoffelpüree:

1 Süßkartoffel (etwa 350 g)

etwa 600 ml Gemüsebrühe

1 EL Olivenöl

½–1 TL Salz, Pfeffer

Für das Curry:

400 g Lauch

1 kleine rote Zwiebel

1 kleines Stück Ingwer (etwa 1 cm)

50 g getrocknete Datteln

3 EL Kokosöl

½ TL Kreuzkümmel, ganz

1–2 TL Currypulver oder 2 TL Kurkuma

1 TL grober Senf

1 TL Salz

1 Für das Püree die Süßkartoffel waschen, schälen und in Spalten schneiden. Die Gemüsebrühe zum Kochen aufstellen. In einer Pfanne das Olivenöl erhitzen und die Kartoffelspalten darin kurz anbraten. Süßkartoffel in der Gemüsebrühe in etwa 10 Minuten weich kochen, sie soll aber nicht zerfallen.

2 In der Zwischenzeit den Lauch putzen, waschen und in Ringe schneiden. Noch einmal waschen und trocken schleudern. Zwiebel und Ingwer schälen und klein würfeln. Datteln entkernen und in kleine Stücke schneiden.

3 Kokosöl mit Kreuzkümmel in einer Pfanne erhitzen, Zwiebel zugeben und kurz anschwitzen, Currypulver bzw. Kurkuma und Ingwer zugeben und leicht anrösten. Lauch zugeben und unter ständigem Rühren etwa 5 Minuten anbraten. Senf, Salz und Datteln zugeben und weitere 2 Minuten bei starker Hitze braten.

4 Nach und nach etwa 200 ml Wasser zugießen und kurz aufkochen lassen. Das Curry 5 Minuten ziehen lassen.

5 In der Zwischenzeit die Süßkartoffeln abgießen, die Brühe auffangen. Kartoffeln mit etwa einem Viertel bis einem Drittel der Kochflüssigkeit zu einem glatten Püree stampfen. Mit Salz und Pfeffer abschmecken und zu dem Lauch-Dattel-Curry servieren.

Champignongulasch

wb

Gulasch nennt man in Österreich (fast) alles, was in einer würzigen, zwiebeligen Sauce gegart wird – die Pilze liefern viel wertvolles Eiweiß.

Für 2 Personen Zubereitungszeit: **35 Minuten**

- 500 g Champignons
- 1 Zwiebel
- 1–2 EL Rapsöl
- Kräutersalz
- 1–2 EL veganer Weißwein
- 200 ml Gemüsebrühe
- 1 Bund Petersilie
- 60 g Cashewkerne
- ½ TL weiße Sesamsamen, geschält
- 2 TL Steinpilzpulver oder getrocknete Steinpilze (siehe Tipp)
- 3 EL Reis-, Kichererbsen- oder Maismehl
- Pfeffer

1 Champignons putzen und mit Küchenpapier abreiben. Die Pilze halbieren, große eventuell vierteln. Zwiebel schälen und in kleine Würfel schneiden.

2 Das Öl in einem Topf erhitzen und die Zwiebeln bei mittlerer Hitze glasig dünsten. Die Champignons dazugeben und kurz mitdünsten. Salzen, einmal umrühren und mit Weißwein ablöschen. Etwa 2 Minuten bei starker Hitze rühren, damit der Alkohol verdampft. Gemüsebrühe zugeben und bei schwacher Hitze 5–6 Minuten kochen lassen.

3 Die Petersilie waschen, trocken tupfen und fein hacken. Zu den Pilzen geben.

4 Die Cashewkerne mit Sesam, Steinpilzpulver und Reismehl im Blitzhacker zerkleinern. Mit 300 ml heißem Wasser und der Cashewsahne 1 Minute auf der höchsten Stufe kräftig cremig mixen. Ist die Creme zu dick, noch etwas Wasser untermixen.

5 Die Cashewcreme zu den Champignons geben und noch einmal kurz aufkochen lassen, dabei ständig rühren, bis die Flüssigkeit eindickt. Bei Bedarf noch etwas Wasser nachgießen. Mit Kräutersalz und Pfeffer abschmecken und servieren.

♥ **TIPPS:**

- *Für Steinpilzpulver einfach getrocknete Steinpilze im Mixer fein mahlen.*
- *Für das Pilzgulasch können Sie auch andere Pilze oder eine Pilzmischung verwenden.*
- *Noch schneller geht's, wenn Sie statt selbst gemachter Cashewcreme gekaufte vegane Sahne verwenden, die Sie einfach mit Steinpilzpulver und Reismehl verrühren.*
- *Zum Champignongulasch passen Reis, Kartoffeln und Knödel, oder – wenn es ganz schnell gehen soll – einfach nur Vollkornbrot.*

Kartoffelgulasch

wb

Lieblingsgericht der Kinder: Kartoffelgulasch! Lassen Sie mit Kindern am Tisch aber den Rotwein weg.

Für 2 Personen Zubereitungszeit: **40 Minuten**

- 350 g festkochende Kartoffeln
- 500 ml kräftige Gemüsebrühe
- 1 mittelgroße Zwiebel
- 1 Knoblauchzehe
- 50 g Lauch
- 2 rote Paprikaschoten
- 1–2 EL Olivenöl
- 2 EL Tomatenmark
- 2 EL Paprikapulver, edelsüß
- 50 ml kräftiger veganer Rotwein
- ½ TL getrockneter Majoran
- ⅛ TL gemahlener Kümmel
- ½ Prise Cayennepfeffer
- abgeriebene Schale von 1 unbehandelten Zitrone
- 2 EL Vollrohrzucker
- Meersalz
- 200 g passierte Tomaten (Dose)
- 75 g vegane Sahne (z. B. Hafersahne)
- evtl. 1 EL Maismehl oder Maisstärke

1 Kartoffeln waschen, schälen und in mundgerechte Würfel schneiden. In einem großen Topf mit der Gemüsebrühe zum Kochen bringen und etwa 20 Minuten kochen lassen.

2 In der Zwischenzeit Zwiebel und Knoblauch schälen, Lauch putzen und waschen. Lauch und Zwiebel in feine Streifen schneiden. Paprikaschoten waschen, entkernen und in Würfel schneiden.

3 Olivenöl in einem Topf erhitzen. Zwiebeln und Lauch darin bei mittlerer Hitze in 10 Minuten unter ständigem Rühren goldgelb rösten. Knoblauch in den Topf pressen, Tomatenmark zugeben und kurz mitrösten. Paprikapulver einstreuen, einmal umrühren und mit Rotwein ablöschen. Etwa 2 Minuten bei starker Hitze unter ständigem Rühren etwas einkochen.

4 Paprikaschoten, Majoran, Gewürze, Zitronenschale, Zucker und 1 Prise Salz zugeben. Tomatenpüree einrühren und die Sauce etwa 5 Minuten einkochen lassen. Die Kartoffeln mit der Brühe zugeben, Tomaten und Sahne einrühren. Wenn Sie die Sauce noch sämiger haben wollen, etwas Flüssigkeit aus dem Topf entnehmen und in einer Tasse mit dem Maismehl verrühren. In das Gulasch einrühren, einmal kurz aufkochen lassen und das Gulasch mit Salz und Cayennepfeffer abschmecken. Heiß servieren.

STAUB
STAUB

Gemüse aus dem Backofen

wb

Die Gemüsewürfel brauchen ihre Zeit im Backofen, dafür gart alles quasi von alleine.

Für 2 Personen Zubereitungszeit: **45 Minuten**

je 200 g Hokkaido-Kürbis und Süßkartoffeln

je 50 ml Olivenöl und Gemüsebrühe

je 50 g Knollensellerie und Möhren

Kräutersalz

je 200 g Zucchini und Champignons

1 Kürbis waschen, Kerne und Fasern entfernen. Süßkartoffeln schälen. Den Backofen auf 150 °C schalten. Das Olivenöl in eine beschichtete Auflaufform füllen und die Form in den Backofen stellen.

2 Kürbis und Süßkartoffeln in 1 cm große Würfel schneiden und in die Auflaufform geben. Die Backofentemperatur auf 200 °C erhöhen. Die Gemüsewürfel etwa 10 Minuten rösten, bis sie Farbe annehmen, dabei einmal mit dem Pfannenwender wenden. Die Gemüsebrühe angießen.

3 In der Zwischenzeit den Knollensellerie schälen und die Möhren waschen und putzen. Das Gemüse in ½ cm große Würfel schneiden und zum Kürbis geben. Mit Kräutersalz bestreuen, vorsichtig untermischen und wieder in den Ofen schieben.

4 Champignons putzen, mit Küchenpapier abreiben und halbieren. Große Champignons eventuell vierteln. Zucchini waschen, putzen und in Stücke von der Größe der Champignons schneiden. Zum Gemüse in der Auflaufform geben, gut untermischen und alles in weiteren 15–20 Minuten bissfest rösten. Mit Kräutersalz abschmecken und servieren.

TIPP: *Dazu passen gedämpfter Reis oder einfach nur Brot als Beilage.*

Spargel auf Olivenpolenta

dn

Sehr fein und schön anzuschauen: Der grüne Spargel auf Olivenpolenta ist ein schnelles Essen für Überraschungsgäste.

Für 2 Personen Zubereitungszeit: **30 Minuten**

1 Bund grüner Spargel (250–300 g)
440 ml Gemüsebrühe
1 kleine Schalotte
½ Knoblauchzehe
40 g schwarze Oliven ohne Stein
3 EL Olivenöl
80 g Polenta
Salz, Pfeffer
vegane Margarine zum Schwenken

1. In einem großen Topf reichlich Wasser zum Kochen aufstellen. Spargel waschen, die harten Enden der Spargelstangen abschneiden und die unteren zwei Drittel der Stangen mit einem Sparschäler schälen. Das Wasser salzen und den Spargel darin in etwa 10 Minuten bissfest garen. Abgießen und warm stellen.
2. Während der Spargel kocht, die Gemüsebrühe erhitzen. Schalotte und Knoblauch schälen und fein hacken. Oliven in dünne Scheiben schneiden.
3. 1 EL Olivenöl in einem Topf erhitzen, Schalotte und Knoblauch darin andünsten. Polenta einstreuen und kurz mitrösten. Mit der Gemüsebrühe aufgießen. Polenta unter ständigem Rühren bei schwacher Hitze etwa 10 Minuten ausquellen lassen.
4. Die Polenta salzen und pfeffern. Olivenscheibchen und das restliche Olivenöl einrühren. Etwas vegane Margarine in einer Pfanne erhitzen, den Spargel kurz darin schwenken, salzen.
5. Polenta auf Portionsteller verteilen und den Spargel auf der Polenta anrichten.

Zucchiniküchlein mit Tomatencremesauce

wb

Die Zucchiniküchlein schmecken warm und auch kalt – zum Beispiel in einem Brötchen mit Aufstrich und Salatblättern.

Für 2 Personen Zubereitungszeit: **30 Minuten**

100 g Lauch
2 EL vegane Margarine
Salz, Pfeffer
300 g passierte Tomaten (Dose)
20 g vegane Sahne (z. B. Hafersahne)
280 g Zucchini
130 g Kartoffeln
2 EL Dinkelmehl (Type 630) (glutenfreier Ersatz: Reismehl)
2 EL Maismehl oder Maisstärke
1 TL Kräutersalz
100 ml Rapsöl

1 Den Lauch putzen, der Länge nach halbieren und unter fließendem lauwarmem Wasser waschen. Trocken tupfen und fein schneiden. In einer beschichteten Pfanne die Margarine erhitzen, den Lauch dazugeben und mit 1 Prise Salz bei mittlerer Hitze zugedeckt 5 Minuten weich dünsten, hin und wieder einmal umrühren.

2 In der Zwischenzeit in einem kleinen Topf die Tomaten mit der Sahne so lange bei schwacher Hitze erhitzen, bis sie eindicken. Mit Salz und Pfeffer würzen.

3 Während die Tomatensauce kocht, die Zucchini waschen, putzen und trocknen. Grob in eine Schüssel raspeln. Die Kartoffeln schälen und fein in die Schüssel reiben. Den weich gedünsteten Lauch, Dinkel- und Maismehl dazugeben und die Masse gut durchkneten. Mit Kräutersalz abschmecken.

4 Mit nassen Händen aus der Masse 8 große oder 16 kleine etwa 1 cm dicke Küchlein formen. In einer großen beschichteten Pfanne reichlich Öl erhitzen und die Küchlein darin portionsweise in etwa 15 Minuten von beiden Seiten goldgelb ausbacken. Die fertigen Küchlein im Backofen bei etwa 50 °C warm halten, bis alle gebacken sind.

5 Die Tomatencremesauce noch einmal kurz erhitzen, auf zwei Portionsteller verteilen und die Küchlein darauf anrichten.

TIPPS:

- *Besonders frisch und würzig schmecken die Küchlein, wenn man noch ½ EL fein gehackte Pfefferminze untermischt.*
- *Wenn Sie vom Vortag gekochte Kartoffeln übrig haben, können Sie diese statt der rohen Kartoffeln verwenden. Sie müssen dann nicht so fein, sondern können wie die Zucchini grob geraspelt werden.*

Geschmorter Fenchel mit Polenta

dn

Das feine Anisaroma des geschmorten Fenchels wird durch die milde Polenta perfekt ergänzt.

Für 2 Personen Zubereitungszeit: **30 Minuten**

- 2 Fenchelknollen (350–400 g)
- 1 Schalotte
- ½ Knoblauchzehe
- je 1 Zweig frischer Thymian und Rosmarin
- 3 EL Olivenöl
- 1 TL Fenchelsamen
- 2 Scheiben von 1 unbehandelten Zitrone
- 300 g passierte Tomaten
- 1 Lorbeerblatt
- Salz, Pfeffer
- 80 g Polenta

1. Den Backofen auf 180 °C vorheizen. Fenchelknollen waschen, halbieren und die Strünke entfernen. Das zarte Grün fein hacken und beiseitestellen. Fenchel in etwa 2 cm dicke Streifen schneiden. Schalotte und Knoblauch schälen und fein würfeln. Die Kräuter waschen.
2. In einer feuerfesten Form 1 EL Olivenöl erhitzen, Fenchelstreifen und -samen darin anbraten. Schalotten- und Knoblauchwürfel und die Zitronenscheiben zufügen und kurz mitbraten. Passierte Tomaten angießen. Thymian, die Hälfte des Rosmarinzweigs und das Lorbeerblatt zufügen. Salzen und pfeffern. Den Fenchel 15–20 Minuten im Backofen garen.
3. In der Zwischenzeit für die Polenta 400 ml Wasser in einem Topf zum Kochen bringen. Polenta einrühren, die Hitze reduzieren und die Polenta unter Rühren etwa 7 Minuten ausquellen lassen. 1 EL Olivenöl unterrühren und mit Salz abschmecken. Die Nadeln des restlichen Rosmarinzweigs abzupfen, fein hacken und in 1 EL Olivenöl kurz anrösten. Zusammen mit dem Öl unter die Polenta rühren.
4. Zum Servieren Zitronenscheiben und Kräuter aus dem Fenchelragout entfernen und den Fenchel mit dem gehackten Fenchelgrün bestreut neben der Polenta anrichten.

Pilz-Kartoffel-Laibchen

dn

Für die Laibchen eignen sich auch übrige Pellkartoffeln vom Vortag: Dann steht das Essen in einer halben Stunde auf dem Tisch!

Für 2 Personen Zubereitungszeit: **45 Minuten**

250 g mehligkochende Kartoffeln
Salz
1 kleine Schalotte
½ Knoblauchzehe (nach Belieben)
100 g Champignons oder Kräuterseitlinge
1 Stängel frische Petersilie
3 EL Sonnenblumenöl
Pfeffer
1 EL Sonnenblumenkerne
½ EL Kartoffelstärke
½ TL getrockneter Majoran

1 Einen Topf mit wenig Wasser zum Kochen aufstellen. Kartoffeln schälen, in Stücke schneiden und mit 1 Prise Salz im Wasser etwa 20 Minuten weich kochen.

2 In der Zwischenzeit Schalotte und Knoblauchzehe schälen und fein hacken. Pilze putzen und fein hacken. Petersilie waschen, trocken tupfen und fein hacken.

3 In einer Pfanne 1 EL Öl erhitzen, Schalotten- und Knoblauchwürfel darin andünsten, die gehackten Pilze zugeben und 5 Minuten unter Rühren anbraten. Mit Salz und Pfeffer würzen und die gehackte Petersilie zufügen.

4 Kartoffeln abgießen und etwas abkühlen lassen. Durch die Kartoffelpresse drücken oder mit dem Kartoffelstampfer pürieren.

5 Die Pilzmischung mit Sonnenblumenkernen, Kartoffelstärke und Majoran rasch unter das Kartoffelpüree kneten. Aus der Masse etwa 8 Laibchen formen. In einer Pfanne das restliche Öl erhitzen und die Laibchen in etwa 8 Minuten auf beiden Seiten goldgelb braten.

TIPPS:

- *Dazu schmeckt ein gemischter Blattsalat.*
- *Übrige Laibchen über Nacht im Kühlschrank aufbewahren und am nächsten Tag mit Rucola und etwas Senf in Brötchen packen und zum Lunch mitnehmen.*

Kichererbsen-Powerteller

amb

(im Bild oben)

Für 2 Personen Zubereitungszeit: **20 Minuten**

- 400 g Kichererbsen (Dose)
- 1 sehr große Zucchini (400 g)
- 2 EL vegane Margarine
- 2 EL Zitronensaft
- einige EL Gemüsebrühe
- 1 Bund Petersilie
- Salz, Pfeffer
- Chilipulver

1. Kichererbsen in ein Sieb abgießen und unter fließendem Wasser gut abspülen. Zucchini waschen und längs halbieren, die Kerne entfernen und das Fruchtfleisch in kleine Würfel schneiden.
2. Margarine in einer großen Pfanne erhitzen und die Zucchiniwürfel darin rührbraten, bis sie Farbe annehmen. Kichererbsen zufügen und kurz mitbraten. Zitronensaft und etwas Gemüsebrühe zugeben und kurz einkochen lassen.
3. In der Zwischenzeit die Petersilie waschen, trocken tupfen und fein hacken. Unter die Kichererbsen rühren. Mit Salz, Pfeffer und wenig Chilipulver abschmecken und servieren.

♥ **TIPP:** *Reste schmecken am nächsten Tag auch kalt gut – prima zu Mitnehmen!*

Kräuterseitlinge auf Maispüree

dn

(im Bild unten)

Für 2 Personen Zubereitungszeit: **25 Minuten**

- 300 g Maiskörner (Dose)
- Salz
- 70 ml vegane Sahne (z. B. Hafersahne)
- 3 EL Olivenöl
- 1 Msp. geriebene Muskatnuss
- 250 g Kräuterseitlinge (oder andere Pilze)
- einige Rosmarinnadeln
- Pfeffer

1. Mais mit der Flüssigkeit aus der Dose in einem Topf mit etwas Salz zum Kochen bringen und etwa 3 Minuten schwach kochen lassen. Durch ein Sieb abgießen, dabei das Kochwasser auffangen.
2. Die Maiskörner mit der Sahne nicht zu fein pürieren. Eventuell noch etwas Kochwasser zufügen, sodass ein cremiges Püree entsteht. 1 EL Olivenöl einrühren, mit Salz und Muskatnuss abschmecken. Warm stellen.
3. Pilze putzen und in Scheiben schneiden. Rosmarin hacken. Restliches Olivenöl in einer Pfanne erhitzen und die Pilze auf beiden Seiten goldbraun braten. Mit Rosmarin, Salz und Pfeffer würzen.
4. Die gebratenen Pilze auf dem Maispüree anrichten.

Steinpilzragout auf Hirsebett

amb

Die knusprige Hirse aus dem Backofen schmeckt nicht nur prima zum sahnigen Pilzragout, sie schenkt auch eine Menge wertvolle Kieselsäure, die Pilze liefern das Eiweiß.

Für 2 Personen Zubereitungszeit: **35 Minuten**

100 g Hirse

Salz

2 EL vegane Margarine

1 Zwiebel

250 g frische Steinpilze oder Mischpilze (z. B. Kräuterseitlinge, Egerlinge, Waldpilze)

2 Zweige frische Kräuter nach Saison (z. B. Thymian, Rosmarin, Oregano, Petersilie)

Pfeffer

50 g vegane Sahne (z. B. Reissahne) nach Belieben

1 Die Hirse mit der doppelten Menge Wasser (200 ml) und 1 guten Prise Salz zum Kochen bringen, die Hitze reduzieren und die Hirse 13–15 Minuten schwach kochen lassen. Den Backofen auf 180 °C (Umluft) vorheizen.

2 In der Zwischenzeit ein kleine Auflaufform mit wenig Margarine einfetten. Die Hirse in die Form füllen und flach ausstreichen. Im Backofen 15–20 Minuten backen, bis die Hirse leicht knusprig wird.

3 Während die Hirse im Ofen ist, die Zwiebel schälen und fein hacken. Steinpilze säubern und in Scheibchen schneiden. Die Kräuter waschen, trocken tupfen und die Blättchen abstreifen bzw. die Blätter oder Nadeln fein schneiden.

4 Die Hälfte der restlichen Margarine in einer Pfanne erhitzen und die Zwiebel darin glasig dünsten. Restliche Margarine zugeben und die Steinpilze darin rührbraten. Mit Salz, Pfeffer und Kräutern würzen. Nach Belieben die Sahne zugeben und leicht einkochen lassen.

5 Die Hirsemasse in zwei Stücke schneiden und mit dem Pilzragout auf Portionstellern anrichten.

wb

Lauch-Pilz-Ragout mit Gewürzreis

So einfach, so raffiniert: Der gewürzte Reis passt nicht nur zum Lauch-Pilz-Ragout, sondern auch zu vielen anderen Saucengerichten.

Für 2 Personen Zubereitungszeit: **40 Minuten**

½ Zwiebel
1 Lorbeerblatt
1–2 ganze Gewürznelken
100 g Basmatireis
1 EL vegane Margarine
½ Gemüsebrühwürfel
200 g Austernpilze
200 g Champignons
300 g Lauch
2 TL Steinpilzpulver oder getrocknete Steinpilze
5 EL Olivenöl
1 TL milder Senf
50 ml Gemüsebrühe
1 EL Kartoffel- oder Maisstärke
100–150 g vegane Sahne (z. B. Hafersahne)
Kräutersalz
eventuell Kräuterblättchen (z. B. Petersilie) zum Garnieren

1 Zwiebel schälen und in der Mitte 1 cm tief einschneiden, das Lorbeerblatt in den Einschnitt stecken, die Gewürznelken in die Zwiebel drücken.

2 Den Reis in ein Sieb geben und unter fließendem kaltem Wasser waschen. Die Margarine in einem Topf erhitzen und den Reis kurz glasig dünsten, 200 ml Wasser und den Gemüsebrühwürfel zugeben. Mit einem Kochlöffel 2 Minuten gut umrühren und die präparierte Zwiebel zugeben. Reis aufkochen lassen, zurückschalten und bei schwacher Hitze 15 Minuten zugedeckt quellen lassen.

3 Pilze putzen und in Scheiben schneiden. Lauch putzen, der Länge nach aufschneiden und unter fließendem lauwarmem Wasser spülen. Trocken tupfen und in feine Streifen schneiden. Die getrockneten Steinpilze zu Pulver zerkleinern.

4 Olivenöl in einer beschichteten Pfanne erhitzen und Lauch darin 5 Minuten andünsten. Pilze zugeben und kurz mitdünsten. Den Senf unterrühren, mit der Brühe ablöschen und weitere 10 Minuten bei mittlerer Hitze kochen lassen.

5 Steinpilzpulver und Stärke in einer kleinen Schüssel mit dem Schneebesen vermischen und 100 g kalte Sahne langsam unterrühren, bis die Masse cremig geworden ist.

6 Die Sahnemischung in das Lauch-Pilz-Ragout einrühren. Dabei kurz unter vorsichtigem Rühren weiter kochen lassen, bis das Ragout eindickt. Nach Bedarf die restliche Sahne zugießen. Mit Kräutersalz abschmecken. Aus dem Reis die Zwiebel entfernen. Das Lauch-Pilz-Ragout, nach Belieben mit Kräuterblättchen bestreut, mit dem Reis servieren.

Kichererbseneintopf mit Kräutervollkornreis

wb

Kichererbsen werden im Orient seit der Steinzeit kultiviert. Bei uns hat man sie früher als Arznei gegen Fieber verwendet.

Für 2 Personen Zubereitungszeit: **35 Minuten**

- 100 g Vollkorn-Langkornreis
- 20 g TK-Kräuter, gemischt
- ½ TL Salz
- 1 Zwiebel
- ¼ rote Paprikaschote (50 g)
- 3 EL vegane Margarine
- 80 g TK-Zuckererbsen oder TK-Junge Erbsen
- 50 g Maiskörner (Glas oder Dose)
- Kräutersalz
- 100 g Kichererbsen (Glas oder Dose)
- 60 g Cashewkerne
- 4 TL weißer Sesam, geschält, oder weißes Tahin (Sesammus)
- 2–3 EL Reis-, Kichererbsen- oder Maismehl
- 1 Gemüsebrühwürfel

1 Den Reis waschen und mit den Kräutern, ½ TL Salz und gut 200 ml Wasser in einen Topf geben und zum Kochen bringen. Den Reis bei ganz schwacher Hitze in etwa 25 Minuten zugedeckt ausquellen lassen.

2 In der Zwischenzeit die Zwiebel schälen, die Paprikaschote waschen und putzen und beides in kleine Würfel schneiden. Die Margarine in einem Topf erhitzen, die Zwiebeln hineingeben und 1 Minute rösten. Erbsen, Paprika, Mais (Sud auffangen) und ½ TL Kräutersalz dazugeben. Das Gemüse etwa 15 Minuten bei schwacher Hitze dünsten, sodass die Paprikawürfel noch knackig sind, bei Bedarf einige Esslöffel Wasser zugeben.

3 In der Zwischenzeit die Kichererbsen in ein Sieb abgießen, dabei die Flüssigkeit auffangen. 350 ml Flüssigkeit abmessen, sollte es zu wenig sein, mit Maissud und Wasser auffüllen.

4 Die Cashewkerne mit dem Sesam und 2 EL Reismehl im Blitzhacker zerkleinern. Mit 200 ml des Kichererbsenwassers und dem Gemüsebrühwürfel etwa 1 Minute auf der höchsten Stufe cremig mixen.

5 Kichererbsen und Cashewcreme mit dem Gemüse mischen und unter Rühren aufkochen lassen. Sollte der Eintopf zu dickflüssig sein, etwas Kichererbsenwasser oder Wasser nachgießen, ist er zu dünn, noch 1 EL Reismehl einrühren. Mit Kräutersalz gut abschmecken.

6 Zum Servieren jeweils einen Schöpflöffel Kräuterreis in die Mitte eines Portionstellers setzen, eine Mulde eindrücken und mit dem Kichererbseneintopf füllen, sofort servieren.

♥ **TIPP:** *Wieviel Flüssigkeit Sie zugeben müssen, hängt von den Kichererbsen ab. Die Konserven enthalten mehr oder weniger Kichererbsenwasser. Bei selbst gekochten Kichererbsen ist der Kochsud oft dicker, sodass Sie weniger Reismehl zum Binden benötigen.*

Lupinengeschnetzeltes in Pilzsauce

dn

In den letzten Jahren ist es gelungen, so wohlschmeckende Lupinen zu züchten, dass sie sich zu hervorragenden Eiweißlieferanten für vegane Gourmets entwickelt haben.

Für 2 Personen Zubereitungszeit: **40 Minuten**

- 200 g braune Champignons
- 50 g Steinpilze oder Kräuterseitlinge (nach Jahreszeit)
- 100 g frischer Spinat
- 200 g Lupinenfilets
- 3 EL Rapsöl
- 50 ml Haferdrink
- 150 g vegane Sahne (z. B. Hafersahne)
- 1 Msp. frisch geriebene Muskatnuss
- Salz, Pfeffer
- ½ Chilischote

1 Pilze putzen und in Scheiben schneiden. Spinat verlesen, waschen und in einem Sieb abtropfen lassen. Lupinenfilets in 1 cm breite Stücke schneiden.

2 1 EL Rapsöl in einer großen Pfanne erhitzen, die Lupinenstücke darin 3 Minuten rundherum braun anbraten, auf einen Teller geben und beiseitestellen. 2 EL Öl in die Pfanne geben und die Pilze darin 4 Minuten unter Rühren goldbraun braten. Mit Haferdrink ablöschen, Sahne einrühren und die Sauce mit Muskat, Salz und Pfeffer abschmecken.

3 Die Lupinenstücke dazugeben und 7 Minuten bei schwacher Hitze kochen lassen. Den Spinat zufügen und 2 Minuten fertig garen. Die Chilischote fein hacken. Das Geschnetzelte mit Salz, Pfeffer und Chili abschmecken und servieren.

♥ **TIPP:** *Dazu schmeckt gedämpfter Basmatireis.*

Bunte Quinoapfanne

wb

Quinoa, das eiweißreiche Andenkorn, eignet sich besonders gut für die schnelle Küche, weil es in kürzester Zeit gar ist.

Für 2 Personen Zubereitungszeit: **35 Minuten**

200 g TK-Gemüsemischung
125 g Quinoa
Himalaya-Salz
3 EL vegane Margarine
50 g Lauch
100 g Hokkaido-Kürbis
1 Knoblauchzehe
1 TL Gemüsebrühpulver oder -paste
50 g weißes Mandelmus oder ein anderes Nussmus

1. Das TK-Gemüse in ein Sieb geben und etwa 1 Minute unter fließendem heißem Wasser durchspülen. Abtropfen lassen.
2. Quinoa in ein Sieb geben und mit fließendem heißem Wasser abbrausen. Abtropfen lassen. Quinoa mit 250 ml Wasser und 1 Prise Salz in einen Topf geben, zum Kochen bringen und 4–5 Minuten kochen lassen. 1 EL Margarine unterrühren und die Quinoa zugedeckt bei schwacher Hitze etwa 15 Minuten quellen lassen. Die Flüssigkeit sollte vollkommen aufgenommen sein.
3. Lauch putzen, der Länge nach halbieren und unter fließendem lauwarmem Wasser waschen. Trocken tupfen und in kleine Streifen schneiden. Kürbis waschen, Kerne und Fasern entfernen und das Fruchtfleisch mit der Schale in kleine Würfel schneiden. Knoblauch schälen.
4. Die restliche Margarine in einer beschichteten Pfanne erhitzen und den Lauch darin 2 Minuten unter ständigem Rühren bei mittlerer Hitze andünsten. Knoblauch dazupressen. Kürbis, TK-Gemüse und Gemüsebrühpulver hineingeben und das Gemüse in etwa 10 Minuten halb weich dünsten, dabei nach Bedarf 2–3 EL Wasser zugeben. Mandelmus unterrühren, mit Salz abschmecken.
5. Quinoa unterheben, noch einmal kurz erhitzen und das Gericht servieren.

Polenta-Nuss-Schnitten auf Lauchgemüse

wb

Die Polenta muss vorbereitet werden –
sie hält sich aber locker einige Tage im Kühlschrank.

Für 2 Personen Zubereitungszeit: **30 Minuten**
(plus am Vortag: 20 Minuten Zubereiten der Polenta + Abkühlen über Nacht)

- 420 ml Hafer- oder Reisdrink
- 1 TL Salz
- 50 g gemahlene Walnusskerne
- 150 g Polenta (feiner Maisgrieß)
- 40 ml Olivenöl + Öl für die Form
- Salz, Pfeffer
- 500 g Lauch
- 20 g Rapsöl
- 60 g Cashewkerne
- 1–2 TL Gemüsebrühpaste oder -würfel
- 3 EL Reismehl
- Cayennepfeffer

1. Am Vortag den Pflanzendrink mit Salz und Nusskernen aufkochen und den Polentagrieß mit dem Schneebesen einrühren. Den Herd ausschalten und die Polenta 5 Minuten zugedeckt quellen lassen. Eine Kastenform (17 cm) mit etwas Olivenöl ausstreichen.
2. Die heiße Polenta mit Salz und Pfeffer abschmecken, in die Kastenform füllen und glatt streichen. Mit Folie abdecken und abkühlen lassen. Über Nacht in den Kühlschrank stellen.
3. Den Lauch längs halbieren und unter fließendem lauwarmem Wasser waschen, trocken tupfen und fein blättrig schneiden. In einem Kochtopf das Olivenöl erhitzen, den Lauch dazugeben und mit etwas Salz bei mittlerer Hitze zugedeckt in 5–6 Minuten weich dünsten, dabei ab und zu umrühren.
4. In der Zwischenzeit die Form mit der Polentamasse aus dem Kühlschrank nehmen, die Polenta auf ein Schneidebrett stürzen und in 1–2 cm dicke Scheiben schneiden.
5. Das Rapsöl in einer beschichteten Pfanne erhitzen und die Polentaschnitten darin von beiden Seiten goldbraun braten.
6. Die Cashewkerne hacken und mit 350 ml heißem Wasser, Gemüsebrühpaste und Reismehl cremig pürieren. Die Cashewsahne zum Lauch geben, umrühren und kurz aufkochen lassen. Bei Bedarf mit etwas Wasser oder Pflanzendrink verdünnen. Mit 1 Prise Cayennepfeffer abschmecken.
7. Das Lauchgemüse auf Portionsteller verteilen und die goldgelb gebratenen Polenta-Nuss-Schnitten darauf anrichten.

❤ **TIPP:** *Rösten Sie die geriebenen Walnusskerne vor dem Verarbeiten in einer Pfanne langsam an, bis sie duften – dann schmecken die Schnitten noch nussiger!*

Palatschinken mit Gemüsefüllung

wb

Alle lieben Pfannkuchen – als Hauptgericht mit pikanter Füllung und zum Dessert mit Konfitüre bestrichen.

Für 2 Personen Zubereitungszeit: **35 Minuten**

Für die Gemüsefüllung:

- 400 g TK-Gemüsemischung nach Belieben
- 100 g Lauch
- ½ Bund Petersilie
- 1 TL Gemüsebrühpulver oder -paste
- 50 g weißes Mandelmus oder beliebiges Nussmus
- Kräutersalz

Für die Palatschinken:

- 170 g Dinkelvollkornmehl
- 1 Prise Meersalz
- ½ TL Backpulver
- 1 EL Vollrohrzucker
- 100 ml kohlensäurehaltiges Mineralwasser
- 170 ml Pflanzendrink (z. B. Haferdrink)
- Rapsöl oder vegane Margarine

1 Für die Gemüsefüllung das TK-Gemüse in ein Sieb geben und etwa 1 Minute unter fließendem heißem Wasser durchspülen. Abtropfen lassen. Lauch putzen, der Länge nach halbieren und waschen. Trocken tupfen und fein schneiden. Petersilie waschen und fein hacken.

2 Für die Palatschinken das Mehl mit Salz, Backpulver und Zucker in eine Rührschüssel geben, Wasser und Pflanzendrink zufügen und glatt rühren. In einer beschichteten Pfanne 1½ EL Öl oder Margarine verteilen und erhitzen. Eine Kelle Teig in das heiße Fett gießen und durch Schwenken rasch in der Pfanne verteilen. Sobald der Palatschinken an den Rändern hellbraun wird, mit einem Pfannenwender umdrehen und von der zweiten Seite fertig backen. Auf diese Weise 4–6 Palatschinken backen, die fertigen zwischen zwei großen Tellern im Backofen bei 70 °C warm halten.

3 Für die Gemüsefüllung 2 EL Margarine in einem Topf erhitzen und den Lauch darin bei mittlerer Hitze 5 Minuten unter ständigem Rühren andünsten. Gemüse mit Gemüsebrühpulver hineingeben und in 10 Minuten bissfest dünsten, nach Bedarf etwas Wasser zugeben. Die Hälfte des Gemüses herausnehmen, Mandelmus in den Topf geben und alles mit dem Stabmixer fein pürieren. Das Püree mit dem Gemüse und der Petersilie mischen, mit Kräutersalz abschmecken und die Palatschinken damit füllen.

❤ **VARIANTE:** *Für eine Pilzfüllung (auf dem Foto unten) 1 klein gewürfelte Zwiebel und 1 gehackte Knoblauchzehe in Olivenöl anbraten, 500 g klein geschnittene Pilze zugeben und braten, bis die Flüssigkeit verdunstet ist. Je 1 TL Tomatenmark und Reismehl zugeben. 100 g vegane Sahne und 50 ml Gemüsebrühe zugießen. Aufkochen, mit Paprikapulver, Salz und Pfeffer würzen. 2 EL gehackte Petersilie unterrühren.*

wb

Gemüsehirse mit Brokkoli-Sahne-Sauce

Ganz schön bunt und ganz schön gut: Die Brokkolisahne passt übrigens nicht nur zur Gemüsehirse, sondern auch zu schnellen Nudeln.

Für 2 Personen Zubereitungszeit: **35 Minuten**

150 g Hirse
1 Prise Salz
½ Zwiebel
100 g Lauch
100 g Zucchini
100 g rote Paprikaschote
100 g grüne Paprikaschote
½ Gemüsebrühwürfel
1 Lorbeerblatt
150 g Maiskörner (Dose)
200 ml Gemüsebrühe
300 g Brokkoliröschen (TK)
100 g vegane Sahne (z. B. Hafersahne)
Himalaya-Salz, Pfeffer
2 EL Schnittlauchröllchen nach Belieben

1 500 ml Wasser zum Kochen bringen. Hirse und Salz einrühren, 1 Minute aufkochen lassen. Die Hirse etwa 5 Minuten schwach kochen lassen, dabei ab und zu umrühren. Den Kochtopf zudecken, den Herd ausschalten und das Getreide etwa 15 Minuten quellen lassen, bis das Wasser aufgesogen ist.

2 Zwiebel schälen. Lauch, Zucchini und Paprika putzen und waschen. Alles in kleine Würfel schneiden.

3 Zwiebel und Lauch in einer beschichteten Pfanne mit 100 ml Wasser und dem Gemüsebrühwürfel etwa 2 Minuten andünsten. Lorbeerblatt, Zucchini, Paprika und Mais dazugeben und bei mittlerer Hitze halb weich dünsten.

4 Die Gemüsebrühe in einem Topf erhitzen und die Brokkoliröschen darin 10–15 Minuten dünsten. Die Sahne zufügen und den Brokkoli mit einem Stabmixer zu einer cremigen Sauce pürieren.

5 Das Gemüse mit der Hirse vermischen, dabei das Lorbeerblatt entfernen. Mit Salz und Pfeffer abschmecken und nach Belieben mit Schnittlauch bestreuen. Mit der heißen Brokkolisahne servieren.

an

Geröstete Süßkartoffeln mit Kichererbsen und Sesamsauce

Ein richtiges Festessen: Die Kichererbsen knuspern wie Nüsse durch den Aufenthalt im Backofen und sind mit milder Sesamsauce perfekt als Topping für die Süßkartoffeln.

Für 4 Personen als Vorspeise oder für 2 Personen als Hauptgericht Zubereitungszeit: **35 Minuten**

200 g Kichererbsen (Dose)

600 g Süßkartoffeln

3 EL Olivenöl

je ½ TL Rosmarin, Thymian, gemahlener Koriander und Paprikapulver

Salz

Für die Sauce:

1 große Knoblauchzehe

3 EL Tahin (60 g)

Saft von 1 Zitrone

½–1 TL getrockneter Dill oder Petersilie oder gemahlener Koriander oder 2–3 TL frisch gehackte Kräuter

etwas Wasser oder Mandeldrink (oder eine Mischung aus beidem)

Salz

Zum Garnieren:

100 g Cocktailtomaten

2 EL Koriandergrün oder Petersilie, frisch gehackt

1 Die Kichererbsen in ein Sieb abgießen, unter fließendem Wasser abspülen und abtropfen lassen. Den Backofen auf 200 °C vorheizen und ein Backblech mit Alufolie oder Backpapier auslegen.

2 Die Süßkartoffeln unter fließendem Wasser abbürsten und der Länge nach halbieren oder in 2 cm dicke Scheiben schneiden. Die Schnittfläche mit 1 EL Olivenöl beträufeln und die Kartoffeln mit der Schale nach oben auf das Blech legen.

3 Die Kichererbsen in einer Schüssel mit den Kräutern, dem restlichen Olivenöl und etwas Salz mischen und neben den Kartoffeln auf dem Blech verteilen. Alles 20 Minuten im Backofen rösten.

4 Für die Sauce den Knoblauch schälen und sehr fein schneiden. Knoblauch mit Tahin, Zitronensaft und Kräutern in einer kleinen Schüssel verrühren und so viel Wasser oder Mandeldrink hinzufügen, dass eine dickflüssige Sauce entsteht. Mit Salz abschmecken.

5 Die Tomaten waschen und vierteln. Petersilie oder Koriandergrün waschen, trocken tupfen und hacken.

6 Die Kartoffeln aus dem Ofen nehmen und mit der Schale nach unten auf zwei bzw. vier Portionsteller legen. Die Kichererbsen darauf verteilen und mit der Sauce überziehen. Mit den Tomaten garnieren und mit der Petersilie bestreuen.

Glossar

Agavendicksaft/Agavensirup

Eingedickter Saft der Agave, einer stacheligen Wüstenpflanze, die in Südamerika kultiviert wird. Süßt etwas stärker als Honig und als weißer Zucker. Je heller der Saft ist, desto weniger Eigengeschmack hat er – der dünnflüssige, hellgelbe Sirup ist absolut geschmacksneutral. Agavendicksaft ist universell verwendbar in heißen und kalten Getränken, in Salatsaucen und zum Kochen und Backen.

Ahornsirup

Eingedickter Saft einer Ahornart, die vor allem in Kanada wächst, wo auch 90 Prozent des weltweit verkauften Ahornsirups produziert werden. Die Bäume werden dazu angebohrt und ihr Saft abgezapft. Ahornsirup schmeckt wie Agavensirup intensiver, je dunkler die Farbe ist.

Apfel- oder Birnendicksaft

Eingedickter Saft von Äpfeln oder Birnen; süßer, fruchtiger Eigengeschmack.

Guarkernmehl

Bindemittel aus den Samen der Guarbohne, als Ersatz von Eigelb oder Stärkemehl.

Glutenfreie Mehle

Gluten, das vor allem in Weizen enthaltene Klebereiweiß, ist für die Stabilität von Weizenbackwaren verantwortlich. Für das glutenfreie Backen braucht man eine Mehlmischung aus verschiedenen glutenfreien Mehlen. Ein optimales Verhältnis für eine Allzweck-Mehlmischung besteht aus zwei Teilen glutenfreiem Mehl und einem Teil Stärke. Man kann sich eine solche Mehlmischung selbst mischen, es gibt aber auch eine große Auswahl an fertigen glutenfreien Mehlmischungen, die sich besonders gut für Anfänger eignen.

Leinsamenmehl Dafür wird ungeröstete braune Leinsaat schonend entölt und vermahlen. Ideal als Beigabe zu Müsli, für Brot und Brötchen. Leinsamenmehl wird auch gerne als Ei-Ersatz in Rezepten für Muffins, Kuchen, Kekse und Pfannkuchen verwendet. 1 EL Leinsamenmehl und 3 EL Flüssigkeit ersetzen ein Ei.

Vollkornreismehl wird aus ungeschliffenem Naturreis gemahlen, hat eine hellbraune Farbe, eine etwas körnige Textur und einen leicht nussigen, milden Geschmack. Es hat einen höheren Nährwert als weißes Reismehl und enthält viele Vitamine, Mineral- und Ballaststoffe. Braunes Reismehl eignet sich für herzhafte und süße Rezepte.

Buchweizenmehl hat nichts mit Weizen zu tun, er zählt zu den Knöterichgewächsen. Er hat einen sehr intensiven Eigengeschmack mit einem stark nussigen, leicht bitteren Aroma und wird daher in der Regel nicht alleine verwendet. Es zählt zu den vollwertigen glutenfreien Mehlen, weil es sehr proteinreich ist. Buchweizen eignet sich gut für Brot und Gebäck. Um ein ausgeglichenes Aroma zu erhalten, mischt man es am besten mit Reis- oder Maismehl.

Kichererbsenmehl wird aus geschälten oder gerösteten Kichererbsen gemahlen und hat einen leicht nussig-mehligen Geschmack. Es ist ein sehr gutes Verdickungsmittel und wird für Hummus oder für Eintöpfe und Saucen verwendet. Es eignet sich auch für Pizzateige und als Ei-Ersatz.

Nussmehle Kokos-, Kastanien- und andere Nussmehle kann man im Bioladen kaufen, sie lassen sich aber auch ganz einfach selbst herstellen. Für Kokosmehl verwendet man zum Beispiel geröstete Kokosraspeln und mahlt diese fein. Nussmehle bringen Geschmack und Proteine in glutenfreie Backwaren.

Hefeflocken

Natürliche Vitamin-B-Lieferanten, gleichzeitig auch mineralstoffreiche Geschmacksverstärker, die sehr gut als Käseersatz verwendet werden können.

Kokosmilch

Kokosmilch wird aus gepresstem Kokosmark gewonnen und verleiht den Gerichten eine cremige Konsistenz und nussiges Aroma. Sie wird in Suppen, Currys und Süßspeisen verwendet.

Lupine

Diese zu den Leguminosen, also den Hülsenfrüchten, zählende einheimische Pflanze wird auch als Sojabohne des Nordens bezeichnet. Die dicken Samen wurden in den letzten Jahren züchterisch so verbessert, dass sie keine Bitterstoffe mehr enthalten. Aus den eingeweichten und ausgepressten Samen gewinnt man eine „Milch", die dann dickgelegt wird. Sie kann wie Sojatofu in Streifen oder Scheiben geschnitten und gebraten werden. Vorteile der Lupine: heimischer Anbau, weniger Fett, weniger Allergene als die Sojabohne und weniger blähende Inhaltsstoffe als andere Hülsenfrüchte.

Maisstärke

Bindemittel aus gemahlenen Maiskörnern zum Andicken von Suppen und Saucen, zum Backen und für Süßspeisen.

Matcha

Fein pulverisierter Grüntee, der blumig bis herbgrasig schmecken kann und in Japan traditionell als Heißgetränk mit Wasser aufgeschäumt getrunken wird. Matcha enthält viele Vitamine und Karotinoide, macht wach und schenkt Energie. Matcha verleiht auch Smoothies, Eis, Süßspeisen, Gebäck und Suppen eine leuchtend grüne Farbe.

Pflanzendrinks/Pflanzenmilch

Wie Milch aussehende Getränke aus Getreide gibt es schon seit dem Mittelalter. Inzwischen stehen sie wieder hoch im Kurs – bei Veganern, Milchallergikern und vielen Gesundheitsbewussten. Sie dürfen seit einigen Jahren in der EU nur noch als „Drinks" verkauft werden. Für die Pflanzenmilch wird Vollkorngetreide (zum Beispiel Hafer, Soja oder Reis) vermahlen und mit Wasser gekocht. Fermentierung durch Enzyme und das Zusetzen von Pflanzenöl führen zur milchähnlichen Konsistenz. Viele der Pflanzendrinks lassen sich prima aufschäumen, etwa für Cappuccino.

Reissirup, Reismalz

Seit Jahrhunderten in Fernost verwendetes Süßungsmittel. Ähnlich wie bei der Herstellung von Pflanzenmilch werden für Reissirup die Reiskörner vermahlen, in Wasser gekocht und fermentiert, wodurch sich die enthaltene Stärke in Zucker umwandelt. Nach dem Filtrieren wird die süße Flüssigkeit eingedickt. In der Makrobiotik verwendet man Reismalz zum Süßen, weil es im Gegensatz zu Einfachzuckern keine Blutzuckersprünge verursacht. Es ist hervorragend zum Kochen und Backen geeignet oder für Salatdressings, wo nur ein Hauch Süße erwünscht ist.

Tahin

Paste aus fein gemahlenen Sesamkörnern, die sehr vitamin- und kalziumreich ist. Tahin verwendet man als Aufstrich pur oder gemischt, zum Beispiel mit Kichererbsen (Hummus), oder auch für Saucen und Gebäck. Der Geschmack ist angenehm nussig.

Vegane Sahne

Pflanzliche Sahne gibt es auf Soja-, Reis-, Hafer-, Dinkel- und Kokosbasis. Zum Kochen kann man alle verwenden, nur wenige, vor allem jene auf Soja- oder Kokosbasis, sind aber zum Aufschlagen geeignet (Packungsangabe beachten). Auch die Zugabe von veganem Sahnesteif ist empfehlenswert. Hafersahne flockt beim Kochen nicht so leicht aus, ist jedoch nicht aufschlagbar. Sojasahne hat einen leicht süßlichen Geschmack und sollte erst zum Schluss zu Suppen und Saucen gegeben werden, weil sie zum Ausflocken neigt.

Veganer Wein/Veganer Fruchtsaft

Auch Wein und Säfte können Rückstände tierischer Produkte enthalten: Zum Klären werden Gelatine, Milch- und Hühnereiweiß verwendet. Wer sicher gehen will, achtet darauf, dass Wein und Säfte als vegan gekennzeichnet sind oder kauft naturtrüben Fruchtsaft.

VERÖFFENTLICHUNGEN VON RUEDIGER DAHLKE

Neuerscheinungen
Geheimnis der Lebensenergie, Arkana • Veganize your life, Riemann Verlag • Vier Seiten der Medaille, Arkana • Vegan für Einsteiger, GU • Vegan schlank, GU • „Peace-Food – vegano-italiano, GU • Krankheit als Chance, GU • Liste vor der Kiste, Terzium • Angstfrei leben, Arkana • Krankheit als Symbol, Bertelsmann (überarbeitet) • Das Buch der Widerstände, Arkana •

Grundlagenwerke
Die Schicksalsgesetze. Arkana • Das Schatten-Prinzip, Arkana • Die Lebensprinzipien (mit M. Dahlke), Arkana • Goldmann (überarbeitet) • Die Kraft der vier Elemente (Bilder von B. Blum), Crotona

Krankheitsdeutung und Heilung
Krankheit als Sprache der Seele, Goldmann • Krankheit als Weg (mit T. Dethlefsen), Goldmann • Frauen-Heil-Kunde (mit M. Dahlke und V. Zahn), Goldmann • Aggression als Chance, Goldmann • Schattenreise ins Licht, Goldmann (überarbeitet) • Krankheit als Sprache der Kinderseele (mit V. Kaesemann), Goldmann • Herz(ens)probleme, Goldmann • Seeleninfarkt, Scorpio • Das Raucherbuch, Goldmann • Verdauungsprobleme (mit R. Hößl), Knaur

Videobücher (Lehrprogramm auf 3 DVDs)
DVD I: Geistige Gesetze – Spielregeln für ein glückliches Leben • DVD II: Krankheitsbilder • DVD III: Integrale Medizin – Therapien aus ganzheitlicher Sicht • Weitere Videobooks: Vegan • Fasten (alle über: www.heilkundeinstitut.at)

Weitere Deutungsbücher
Die Spuren der Seele (mit Rita Fasel), GU • Der Körper als Spiegel der Seele, Goldmann • Die Psychologie des Geldes, Goldmann • Mythos Erotik, Scorpio • Störfelder und Kraftplätze, Crotona

Gesundheit und Ernährung
Peace Food, GU • Peace-Food – das vegane Kochbuch • Schmerzfrei durch richtige Ernährung, Bucher • Das große Buch vom Fasten, Goldmann • Mein Programm für mehr Gesundheit, www.heilkundeinstitut.at • Von Mittagsschlaf bis Powernapping, Nymphenburger • Das kleine Buch vom Fasten, www.heilkundeinstitut.at • Sinnlich fasten (mit D. Neumayr), Nymphenburger • Die Notfallapotheke für die Seele, Goldmann • Meine besten Gesundheitstipps, Heyne • Die wunderbare Heilkraft des Atmens (mit A. Neumann), Heyne

Meditation und Mandalas
Meditationsführer: Wege nach innen (mit M. Dahlke), Schirner • Schwebend die Leichtigkeit des Seins erleben, Schirner • Arbeitsbuch zur Mandala-Therapie, Schirner • Mandala-Malblock (www.heilkundeinstitut.at)

Krisenbewältigung
Lebenskrisen als Entwicklungschancen, Goldmann • Von der großen Verwandlung, Goldmann • „Die Liste vor der Kiste", Terzium

Worte der Weisheit
Weisheitsworte der Seele, Crotona • Wage dein Leben jetzt! (www.heilkundeinstitut.at) • Worte der Dankbarkeit und des Vertrauens, Schirner • Habakuck und Hibbelig – das Märchen von der Welt, Allegria

Audios von Ruediger Dahlke
Heilmeditationen: *(Downloads: Arkana-Audio - CDs: www.heilkunde institut.at): Allergien • Angstfrei leben • Ärger und Wut • Bewusst fasten • Das Gesetz der Polarität • Das Gesetz der Anziehung • Das Bewusstseinsfeld • Den Tag beginnen • Depression • Der innere Arzt • Die Lebensprinzipien • Die 4 Elemente • Elemente-Rituale • Energie-Arbeit • Entgiften – Entschlacken – Loslassen • Frauenprobleme • Ganz entspannt • Hautprobleme • Heilungsrituale • Herzensprobleme • Kopfschmerzen • Krebs • Lebenskrisen als Entwicklungschance • Leberprobleme • Mandalas • Mein Idealgewicht • Naturmeditation • Niedriger Blutdruck • Partnerbeziehungen • Rauchen • Rückenprobleme • Schattenarbeit • Schlafprobleme • Schwangerschaft und Geburt • Selbstliebe • Selbstheilung • Sucht und Suche • Tiefenentspannung • Tinnitus und*

Gehörschäden • Traumreisen • Verdauungsprobleme • Visionen • Vom Stress zur Lebensfreude

CDs mit Download bei Integral: *7 Morgenmeditationen • Die Leichtigkeit des Schwebens • Die Heilkraft des Verzeihens • Erquickendes Abschalten mittags und abends • Schutzengel-Meditationen*

Hörbücher: *Von der großen Verwandlung, Lagato • Krankheit als Weg, Arkana • Die Spuren der Seele – was Hand und Fuß über uns verraten, GU • Vorträge von R. Dahlke auf CD zu Buchthemen und mehr: www. heilkundeinstitut.at*

Filme *mit Ruediger Dahlke: Die Schicksalsgesetze • Unser Biogarten • Am Anfang war das Licht • Hesses erstes Paradies • Awake • bei: www. heilkundeinstitut.at*

Bezugsquelle: *Bücher, CDs, DVDs, Vegane Vitamine: B12, D, Omega-3, „Take me - Glücksnahrung", „Take me – plus", Kokosöl, Fasten-Utensilien: www.heilkundeinstitut.at*

Informationen zu Seminaren, Ausbildungen, Trainings, Vorträgen: *Heil-Kunde-Institut Graz, Oberberg 92, A-8151 Hitzendorf, Tel. 00 43-316-719 88 85, Fax - 719 88 86; Internet: www. dahlke.at; E-Mail: info@dahlke.at*

Dahlke-Seminar-Zentrum: *Taman Ga, Labitschberg 4, A-8462 Gamlitz, www.taman-ga.at*

Informationen zur Arbeit von Ruediger Dahlke: www.dahlke.at, Webshop: www.heilkundeinstitut.at

Bezugsquellen für vegane Produkte:
www.naturella.at
www.veganversand-lebensweise.at
www.alles-vegetarisch.de
www.vegan-leben.com
www.veganz.de
www.lebegesund.de
www.reformhaus.de
www.keimling.de
www.govindaNatur.de
www.pureraw.de

DANK

Ganz herzlichen Dank „meinen" Köch(inn)en für ihre geschmackvolle Unterstützung und das Eingehen auf meine Wünsche bezüglich „einfach und schnell" wie auch weitgehende Gluten-Meidung. Dorothea Steinbacher danke für das Lektorat, die Koordination und den Beweis, dass viele Köche den Brei keineswegs verderben müssen, sondern eine Fülle von rasch zubereitbaren, alltagstauglichen Köstlichkeiten bieten können.
Dorothea Neumayr hat mich – ganz von Anfang und „Peace-Food" an – mit ihren „ausgezeichneten" Kochkreationen bezaubert und begleitet. Annette und Marco Bruhin sind in meinen Seminaren auf den „Peace-Food"-Geschmack gekommen und mauserten sich in kürzester Zeit zu Koch-Koryphäen. Hermann Stein, gelernter Bäcker und Koch aus Leidenschaft und mir aus vielen Fasten-Seminaren bekannt, hat mich auch kochend überzeugt. Werner Bickel schließlich hat sich durch Kochkunst auf höchstem Niveau ausgezeichnet und dafür eine Haube gewonnen. Dass er nun für uns in TamanGa kocht, empfinden wir alle als ganz besondere Auszeichnung und als Geschenk.
Allen Beteiligten – auch dem Photographen Joerg Lehmann und den Foodstylisten Anke Rabeler und Max Faber – meinen herzlichen Dank, dass sie uns hier mit ihren Köstlichkeiten beschenken, beziehungsweise diese so geschmackvoll in Szene gesetzt haben. Und Ihnen, „unseren Essern", herzlichen Dank, dass Sie sich für unsere Vorschläge erwärmen und Ihren gesunden Alltag dadurch vereinfachen und verschönern.

Ruediger Dahlke

UNSERE KÖCHINNEN UND KÖCHE

DOROTHEA NEUMAYR

wurde als eine von drei Privatpersonen in Österreich vom Gault Millau zur Haubenköchin ausgezeichnet. Sie ist Beraterin für ganzheitliche Psychosomatik und Archetypische Medizin, Buchautorin und Trainerin, gibt Seminare und Workshops, die auf Gesundheitsvorsorge, Stressbewältigung und Ernährung ausgerichtet sind, leitet Fastenseminare und Kochkurse. Außerdem ist sie als Wasser- und Atemtherapeutin tätig. Veröffentlichungen: Fasten ABC, Nymphenburger 2009, Co-Autorin von Ruediger Dahlke in: Richtig Essen, Knaur 2006; Vom Essen, Trinken und Leben, Haug 2007; Sinnlich fasten, Nymphenburger 2010; Essensglück, Schirner 2010; Peace Food, GU 2011; Peace Food – Das vegane Kochbuch, GU 2013; Peace Food – Vegano Italiano, GU 2014; Vegan für Einsteiger, GU 2014 und Vegan schlank, GU 2015.
www.dorothea-neumayr.com

WERNER BICKEL,

geboren in Vorarlberg, absolvierte dort eine dreijährige Lehre als Koch. Nach Stationen als Koch im In- und Ausland – in verschiedenen Hotels und Restaurants und auf dem Schiff – erwarb er im Gourmethotel Deuring-Schlössle in Bregenz gemeinsam mit dem Küchenteam drei Hauben vom Gault Millau. Als Küchenchef im Wrenkh in Wien durfte er dazu beitragen, dass diesem vegetarischen Restaurant die erste grüne Haube in Österreich erhalten blieb. Er wirkt zusätzlich als Trainer, Gesundheitsberater und leitet Kochkurse. Derzeit ist er als Peace-Food-Koch, Gesundheits- und Kochtrainer im Gesundheitsresort von Ruediger Dahlke in TamanGa/Steiermark tätig.

amb ANNETTE UND MARCO BRUHIN

Die in der Schweiz lebenden leidenschaftlichen Hobbyköche experimentieren begeistert mit pflanzlichen Lebensmitteln und lassen sich gerne auf Reisen in ferne Ländern inspirieren. Neben ihren Berufen als Töpferin, Klangtherapeutin und Grundschullehrer geben sie mit Freude vegane Kochkurse und schreiben vegane Kochbücher. Ihr erstes eigenes Kochbuch „Vegane Familienküche“ erschien 2015 bei NGV (Naumann & Göbel). www.creannette.ch

hs HERMANN „FAZL“ STEIN,

geboren in Garmisch-Partenkirchen, erlernte den Beruf des Bäckermeisters und Betriebswirts d. H. in der Bäckerei-Konditorei-Café Faslbeck in Mittenwald, der ältesten bis heute aktiven Bäckerei im Werdenfelser Land. Nach einem schweren Unfall erwachte ein immer größer werdendes Interesse am inneren Weg. Während vieler Reisen rund um den Globus studierte er bei einigen Lehrern mystischer Schulen. Heute ist er selbstständig im Bereich Beratung und Vertrieb tätig, kocht und backt leidenschaftlich vegan, schreibt Gedichte, ist Meditationslehrer und Retreatguide und genießt aus vollem Herzen die Schönheit der Natur.

an ANGÉLIQUE NIEUWDORP

ist gebürtige Niederländerin und lebt seit ihrer Jugend vegetarisch, seit 2011 vegan. Die begeisterte Köchin brachte in Paris einen Restaurantführer heraus und arbeitete mit einigen der bekanntesten Köche vor Ort zusammen. Sie sammelte auf zahlreichen Reisen, insbesondere nach Asien, vielfältigste (Koch-)Erfahrungen. Heute lebt sie mit ihrer Familie in Brüssel und betreibt dort unter anderem einen Vegan-Shop. www.peacefood.be

REZEPTREGISTER

L

M/N/O

P

Q

R

S/T

U/V/W

Z

Der Autor

Dr. med. Ruediger Dahlke, Jahrgang 1951, ist seit 1979 Arzt und Psychotherapeut und lebt im Zentrum TamanGa in Österreich, wo er Seminare zum Fasten, Ausbildungen in „Integraler Medizin", Bilder- und Atemtherapie und im Rahmen seiner Lebensschule A-P-L-Master-Kurse hält. Mit seinen Büchern zur Krankheitsbilder-Deutung von „Krankheit als Weg" bis „Krankheit als Symbol" hat er eine ganzheitliche Psychosomatik begründet, die seit 30 Jahren zunehmend Anhänger findet. Er hält Vorträge und gibt Fortbildungen, auch für Firmen und die deutsche Ärztekammer. Seine Bücher, die weit über die gängige Psychosomatik hinausgehen, liegen in 28 Sprachen (www.dahlke.at) vor und haben Brücken zwischen Schulmedizin und Naturheilkunde, zwischen Religion und spiritueller Philosophie gebaut. Auf der Grundlage der Buch-Trilogie „Die Schicksalsgesetze", „Das Schattenprinzip" und „Lebensprinzipien" hat er ein Krankheitsverständnis begründet, das die Seele nicht nur ernst nimmt, sondern ihre führende Rolle anerkennt. Darüber hinaus spiegelt sich sein Engagement für ein „Feld ansteckender Gesundheit" in Büchern wie „Peace Food", „Peace Food – Das vegane Kochbuch", „Peace Food – Vegano Italiano", „Vegan schlank", „Veganize your life" und „Das Geheimnis der Lebensenergie".

Impressum

ISBN: 978-3-8338-4630-4

Projektleitung: Claudia Bruckmann
Redaktion und Lektorat: Dorothea Steinbacher
Korrektorat: Adelheid Schmidt-Thomé
Foodfotografie: Joerg Lehmann
Bildgestaltung und Foodstyling: Anke Rabeler, Max Faber

Umschlaggestaltung und Innenlayout:
ki 36 Editorial Design, München, Sabine Krohberger

Satz: Nadine Thiel, kreativsatz, Baldham
Herstellung: Markus Plötz

Druck und Bindung: Firmengruppe Appl, Wemding

Bildnachweis:
Dorothea Neumayr: S. 5, 6, 8, 11, 12, 15, 17; Matthias Hoffmann S. 2; Dorothee Gödert S. 19; Teubner S. 20, 21, 22, 23, 24, 25; © StockFood/Rob Fiocca Photography: Coverfoto

10. Auflage 2025

www.graefeundunzer-verlag.de